Narren in der Bütt 2

Hannes Fauser

Narren in der Bütt 2

Möller
VERLAG

Im W. Möller Verlag sind zahlreiche weitere Karnevals- und Humorbuchtitel erschienen. Bitte beachten SIe die Seite „Unser Tip" am Ende des Buches und fragen Sie Ihren Buchhändler.

ISBN 3 8159 0008 5

Umschlaggestaltung: Peter Udo Pinzer
Titelbild: Bernd Eisert, Blaustein
Zeichnungen: Fay Grambart, Toronto
Satz: Fotosatz Boberg, Taunusstein
Druck: Ebner Ulm

817 2635 4453 62

Inhalt

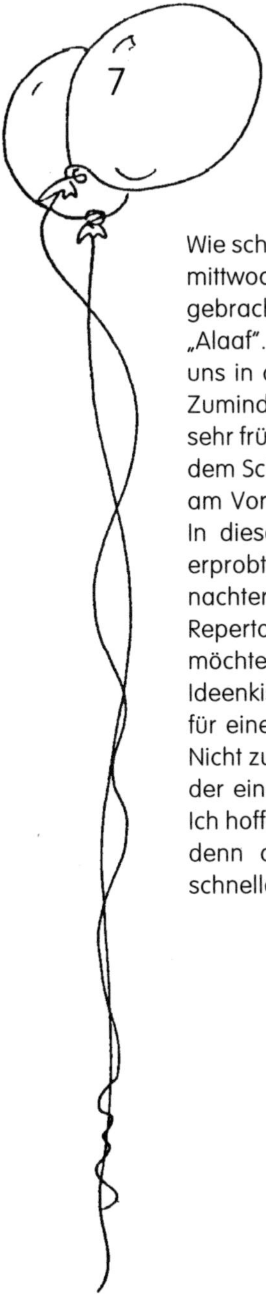

Vorwort

Wie schnell doch die Zeit vergeht: Da haben wir gerade den Aschermittwoch mit all seinen ärgerlichen Begleiterscheinungen hinter uns gebracht, und schon schallt es wieder aus allen Ecken „Helau" und „Alaaf". Hat uns die Zeit also wieder einmal einen Streich gespielt und uns in der narrenlosen Zeit zum Narren gehalten.
Zumindest geht es mir immer so, und deshalb bereite ich mich schon sehr früh auf die nächste Kampagne vor. Rechtzeitig beginne ich mit dem Schreiben, Umschreiben und Lernen meiner Büttenrede, damit am Vortragsabend auch ja alles glattgeht.
In diesem Büchlein habe ich wieder einige lustige und erfolgserprobte Büttenreden von erfahrenen Karnevalisten und Fassenachtern zusammengetragen. Aus diesem abwechslungsreichen Repertoire kann jeder schöpfen, der keine eigene Rede schreiben möchte oder kann. Man kann dieses Buch aber auch als eine Ideenkiste sehen, aus der man sich die schönsten Reime und Witze für einen eigenen Vortrag zusammenstellt.
Nicht zuletzt enthält dieses Buch auch einfach nur lustigen Lesestoff, der einem an ruhigen Abenden Spaß ins Haus bringt.
Ich hoffe natürlich, daß jeder Leser seine Lieblingsrede herausfindet, denn denken Sie daran: Die nächste Karnevalssitzung kommt schneller, als man denkt.

Ihr
Hannes Fauser

MEDIZYNISCHES

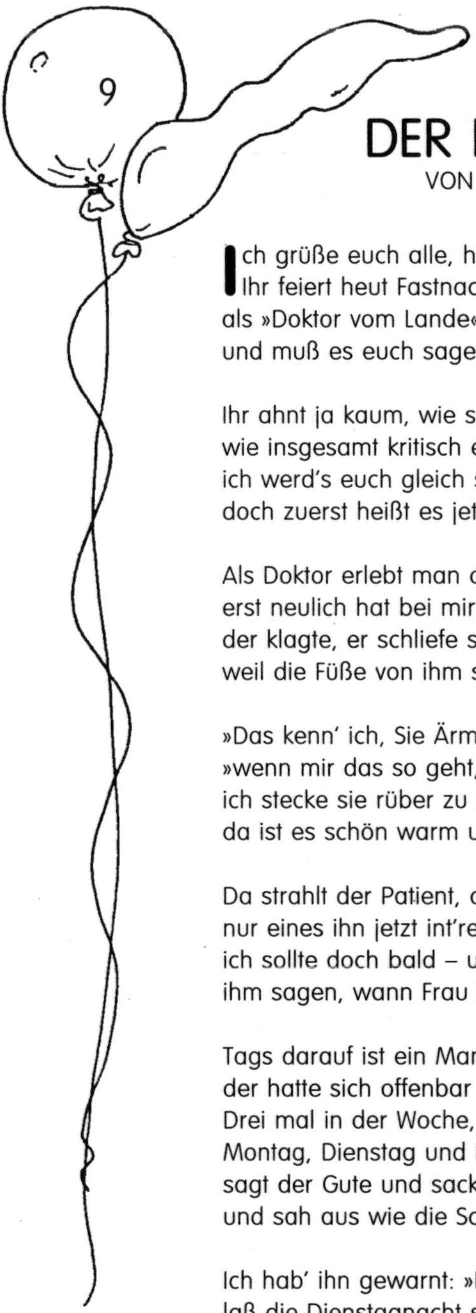

DER LANDARZT

VON MICHAEL ADAM

Ich grüße euch alle, hier vorn aus der Bütt,
Ihr feiert heut Fastnacht, da feier' ich mit,
als »Doktor vom Lande« komm' ich zu euch her
und muß es euch sagen: Ihr kränkelt doch sehr.

Ihr ahnt ja kaum, wie schlecht es euch geht,
wie insgesamt kritisch es um einige steht,
ich werd's euch gleich sagen, da wird's euch dann mau,
doch zuerst heißt es jetzt einmal kräftig: HELAU!

Als Doktor erlebt man die dollsten Malessen,
erst neulich hat bei mir ein Männchen gesessen,
der klagte, er schliefe so furchtbar schlecht ein,
weil die Füße von ihm ständig eiseskalt sei'n.

»Das kenn' ich, Sie Ärmster«, gab ich ihm retour,
»wenn mir das so geht, mach' ich eines rasch nur,
ich stecke sie rüber zu mein' Frauchen ins Bett,
da ist es schön warm und so kusch'lig kokett.«

Da strahlt der Patient, denn der Rat, der sei gut,
nur eines ihn jetzt int'ressieren noch tut,
ich sollte doch bald – und das wäre ganz nett –
ihm sagen, wann Frau Doktor mal Zeit für ihn hätt'.

Tags darauf ist ein Manager zu mir gekommen,
der hatte sich offenbar sehr übernommen.
Drei mal in der Woche, da hätte er Sex,
Montag, Dienstag und Freitag, da käm der Reflex,
sagt der Gute und sackt in mein' Sprechstuhl herab,
und sah aus wie die Schwindsucht am Rande vom Grab.

Ich hab' ihn gewarnt: »Bester, sei auf der Hut,
laß die Dienstagnacht sausen, das tut dir dann gut.«

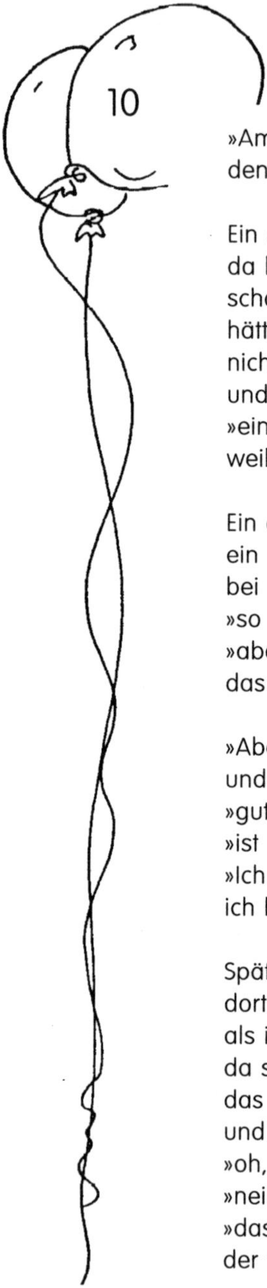

»Am Dienstag, Herr Doktor, grad da muß es sein,
denn einzig am Dienstag, da bin ich daheim.«

Ein seltsamer Fall ist kaum später passiert,
da kam so ein Frauchen zu mir, die's pressiert,
schon seit acht Tagen hätt' auf dem Topf sie gehockt,
hätt' gedrückt und geschoben, gedroht und gelockt,
nichts hätte geholfen, hat die Arme geweint,
und mit hochrotem Kopf hat sie dann noch gemeint,
»ein paar Tröpfchen, Herr Doktor, die wären mir recht,
weil die Zäpfchen, die schmecken auf Dauer echt schlecht.«

Ein anderer Fall, der war wirklich verrückt,
ein Patient saß bei mir, sehr zerknautscht und bedrückt,
bei dem stellt sich heraus: der hat Würmer, der Mann,
»so was mir, so ein Mist«, fängt zu schimpfen er an,
»aber Bester«, so sag' ich, »das Viehzeug im Heck,
das kriegen wir doch mit 'ner Wurmkur gut weg!«

»Aber doch nicht bei mir«, hat er gleich protestiert,
und das hat mich als Arzt dann doch interessiert,
»guter Mann, dieses Mittel«, so hab' ich gesagt,
»ist bestens bewährt...« – doch da hat er geklagt:
»Ich kann es nicht nehmen, das geht mir nicht rein,
ich bin doch der Chef hier vom Tierschutzverein.«

Spät am Abend rufts Telefon mich zu den Schmitz,
dort kommts elfte Mal Nachwuchs, das ist jetzt kein Witz,
als ich ankomm', da gibt's gleich 'nen tierischen Schreck,
da stolper ich über ein Entenviech weg,
das watschelt im Haus von den Schmitz einfach rum,
und quiekt und beguckt mich und schnattert dann dumm,
»oh, Ihr züchtet auch Enten«, hab' ich müde gefragt,
»nein, nein«, hat darauf so ein Steppke gesagt,
»das ist doch der Storch – das weiß jeder Furz,
der war sooft schon hier, da sind die Beine jetzt kurz.«

Am Donnerstag früh war's besonders brisant,
zu fünfzehn Patienten, da bin ich gerannt,
ich wollte am Abend grad rein in mein Bett,
da rufts Telefon mich – es war wirklich nicht nett,
»Doktor, komm' Sie sofort«, schreit 'ne Frau wie besessen,
unser Sohn hat soeben ein Kondom aufgefressen.«
»Keine Panik, ich eile«, ließ ich locker erklingen,
und will grade mit Schwung in mei' Hose reinspringen,
da läutet noch einmal das Mist-Telefon,
und erneut ist's die Frau mit dem Schluck-weg-Kondom,
»Doktor, alles o.k.«, sagt die Frau unumwunden,
»mein Mann hat gerad' noch ein andres gefunden.«

In meinem Beruf kennt man bestens sich aus,
über kurz oder lang hab' ich jeden im Haus,
grad gestern kam noch eine Dame zu mir,
die drückte es dort, und es zippelte hier,
»also Doktor«, so sagt sie, »ich fürchte es bald,
daß ich alles in allem überhaupt nicht werd' alt.«
Die konnt' ich beruhigen: »Gnäd'ge Frau, alleweil
beweist doch Ihr Aussehen das genaue Gegenteil.«

Sonntags drauf da kam einer, der war wirklich doll,
der bimmelt mich raus, und jammert mich voll:
»Doktor, immer beim Sex, bitte helfen Sie mir,
muß ich entweder schwitzen, oder aber ich frier'.«
»Vielleicht«, sag' ich drauf, »überanstreng' Sie sich,
wie oft sind Sie denn mit Ihrer Frau ehelich?«
Da sagt der mir glatt, und ich denk noch, jetzt spinnt er,
»na, einmal im Sommer und einmal im Winter...«

Also Typen gibt's hier, das kann ich euch sagen,
bei denen da muß man ganz schön was vertragen,
zum Beispiel am Dienstag, da war's wieder soweit,
da kam eine Dicke in die Praxis geschneit,
sie hätt' Schmerzen im Rücken, könnte kaum noch grad gehn,
ich sag: »Machen's sich frei, das wer'n wir gleich sehn«,
da wird sie verlegen, fragt mit 'nem Kopf wie'n Rubin,

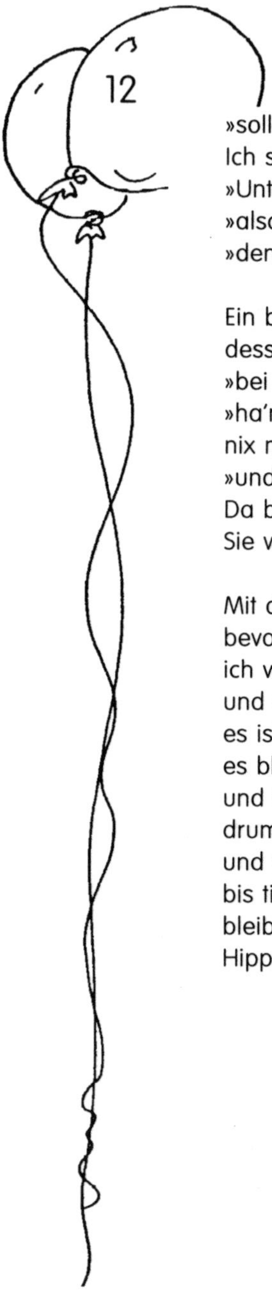

»soll tatsächlich ich auch mein Korsett hier ausziehn?«
Ich schaue sie an, sag ihr frei ins Gesicht,
»Untersuchen das geht mit Korsett leider nicht«,
»also gern tu ich's nicht«, war ihr leises Gebrumm,
»denn ohne Korsett häng' ich immer so rum...«

Ein bedenklicher Fall war auch jener Patient,
dessen Husten war bösartig, lang renitent,
»bei Ihr'm Husten, mein Lieber«, hab ich ihm gedroht,
»ha'm sofort Sie totales Zigarrenverbot,
nix mehr Schnaps, Wein und Bier«, sag ich noch dazu,
»und vor allen Dingen lassen Sie die Mädels in Ruh'.«
Da bemerkt er zu mir: »Doktor, sie sind echt doll,
Sie woll'n wirklich, daß ich bloß nur noch rumhusten soll.«

Mit dem war's genug hier, ich trete nun ab,
bevor ich euch alle noch bringe ins Grab,
ich war euer Doktor, und kam hier vom Land,
und euer Wehwehchen, das ist mir bekannt,
es ists Fassenachts-Fieber, da hilft keine Arznei,
es bleibt kurz nur und ist Aschermittwoch vorbei,
und bis dahin, Ihr Leut', hilft am besten Humor,
drum hole ich jetzt mein' Rezeptblock hervor,
und verschreibe euch Heiterkeit, Lachen und Freud,
bis tief in die Nacht, und bestimmt nicht nur heut,
bleibt sauber, Ihr Narren, genießt hier die Schau,
Hippokrates grüßt euch mit dreifach: HELAU!!!

EIN PSYCHIATER

VON GERD HINDERS

Ich bin der Doktor »Hörnichzu«,
als Psychiater rings der Clou.
Manch' Nervenbündel kommt zu mir,
hört, wie die Armen ich kurier':

Ich habe meine Sprechstundenhilfen angewiesen, zuerst nach dem Krankenschein zu fragen, und ob der Patient etwa privatversichert ist. Danach kann ich schon die Diagnose stellen: »Wer sich meine Honorare leisten kann, ist im Leben kein totaler Versager!«
Wenn die am Ende der Behandlung dann die Rechnung kriegen, dämmert es ihnen meist: »Mein Gott, muß ich verrückt gewesen sein!«
Ja, ein Psychiater ist ein Mensch, der keine Sorgen hat, solange andere Sorgen haben!
Ich rief ins Wartezimmer: »Der nächste Napoleon bitte!« Es kam aber ein hageres kleines Männlein herein. Ich fragte: »Wie heißen Sie?« »Schulze ohne y!« »Wie bitte?« »Schulze ohne y!«
Ich wandte ein: »Aber Schulze hat doch gar kein y!«
Er antwortete: »Das sage ich doch die ganze Zeit!«
»Nun«, fragte ich, »wo fehlt's denn?«
»Ach, Herr Doktor, Sie müssen mir helfen! Ich höre dauernd Stimmen!«
Ich schaute ihn prüfend an und fragte: »Aha, und was sagen diese Stimmen?« Er klagte: »Das weiß ich nicht, ich bin ja taub!«
Ich riet ihm, einfach nicht hinzuhören, schrieb ihm aber doch ein Rezept aus. Nach kurzer Zeit kam er wieder und strahlte: »Lieber Herr Doktor, zwölf Jahre war ich taub. Aber seit ich Ihre wunderbare Ohrensalbe benutze, höre ich endlich wieder von meinem Bruder in Amerika! Jetzt aber habe ich immer Klingen im Ohr.«
Da gab ich ihm den Rat: »Nun, Sie sollten sich elektrisch rasieren!«
Er fuhr fort: »Und außerdem führe ich in der letzten Zeit immer Selbstgespräche.«
»Ach«, beruhigte ich ihn, »das ist doch nicht schlimm. Das tun viele Leute in Ihrem Alter!«

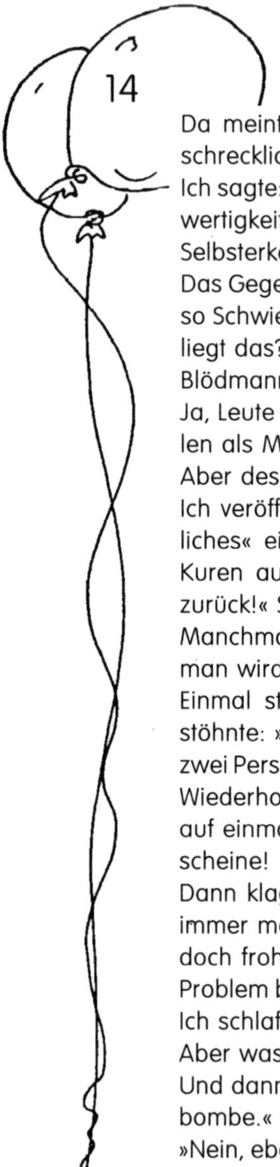

Da meinte er: »Ja, das mag schon sein, aber ich finde mich so schrecklich langweilig!«
Ich sagte: »Machen sie sich nichts daraus. Sie haben keinen Minderwertigkeitskomplex, sondern Sie sind ein sehr seltener Fall von echter Selbsterkenntnis!«
Das Gegenteil davon war der nächste Kunde: »Herr Doktor, ich habe so Schwierigkeiten mit anderen Menschen!« Ich fragte: »Und woran liegt das?« Er fuhr mich an: »Das sollen Sie doch herausfinden, Sie Blödmann!«
Ja, Leute mit übersteigertem Selbstwertgefühl sind schwerer zu heilen als Menschen mit Depressionen!
Aber deshalb kriege ich keine Komplexe!
Ich veröffentlichte in der Tageszeitung unter der Rubrik »Geschäftliches« ein Inserat: »Besuchen Sie Doktor Hörnichzu! Erfolgreiche Kuren auch in schweren Fällen. Garantie: bei Nichterfolg Spleen zurück!« Seitdem ist mein Sprechzimmer noch voller.
Manchmal drängen sich geradezu die Behandlungstermine, und man wird am Ende noch selber ganz doll!
Einmal stürzte ein Mann ganz aufgeregt ins Sprechzimmer und stöhnte: »Herr Doktor, können Sie mir helfen? Ich glaube, ich habe zwei Persönlichkeiten! Ich unterbrach ihn unwirsch: »Langsam voran! Wiederholen Sie das noch einmal. Ich verstehe nichts, wenn Sie beide auf einmal reden. Geben Sie mir erst einmal Ihre beiden Krankenscheine!
Dann klagte er: »Wissen Sie, jeden Morgen um 7.00 Uhr muß ich immer mein Geschäft erledigen!« Ich redete ihm gut zu: »Seien Sie doch froh, das kann nicht jeder!« »Ja«, widersprach er, »aber das Problem bei mir ist doch, daß ich immer erst um 8.00 Uhr aufwache! Ich schlafe ja so tief! Daß ich französisch träume, geht ja noch an. Aber was mich so aufregt und stört, sind die deutschen Untertitel! Und dann träume ich auch neuerdings immer von einer tollen Sexbombe.« Ich meinte: »Was soll's, das ist doch ein schöner Traum!« »Nein, eben nicht!«, haderte er, »was soll ich tun? Die Sexbombe und meine Frau schlagen sich um mich, und immer gewinnt meine Frau! Aber die sollten Sie auch einmal behandeln. Die bildet sich ein, ein Kühlschrank zu sein. Ich halte es keine Nacht aus, neben ihr zu schlafen.« »Sie werden doch nicht etwa frieren neben ihr?« Er antwortete: »Nein, das nicht. Aber sie schläft mit offenem Mund, und das

kleine Licht darin, das stört mich die ganze Nacht! Vor dem Einschlafen meint sie immer, es läge ein Mann unter ihrer Flohkiste. Jetzt hat sie schon zur Verdoppelung der Chancen ein zweites Bett aufgestellt – aber es nutzt nichts, es kommt keiner.«

Ich habe dem Mann geraten, damit sie beide endlich Ruhe kriegten, einfach die Beine vom Bett abzusägen.

Ja, ich bin ein praktischer Arzt, also faßte ich zusammen: »Also, mein Lieber, vor allem nicht aufregen, sich entspannen und nicht zu viel arbeiten. Bedenken Sie: Geld ist auch nicht alles. So, das macht für dieses Mal 300,— DM! Dann schimpfen meistens die Ehefrauen über das Honorar. Sie schreiten dann zur Selbstindikation. »Stellen Sie sich vor«, sagte eine Frau zu ihrer Nachbarin, »da geht mein Mann wochenlang zu diesem sündhaft teuren Psychiater, und dem fällt auch nichts ein, wie man meinen Mann vom Nägelkauen abbringen könnte. Ich habe ihm einfach seine Zähne versteckt!«

So kann man natürlich mit uns armen Ärzten nicht umspringen!

Die meisten seelischen Probleme lösen sich zwar von selbst und wesentlich billiger als durch uns Psychiater, aber wo kämen wir da hin, wenn jeder beliebige gesund Denkende uns Konkurrenz machen könnte!

Da haben wir einen Protestmarsch organisiert. Der ist aber gescheitert. Wir hatten unsere Plakate selbst geschrieben, aber kein Mensch konnte sie lesen.

Ja, wir Psychiater werden oft nicht verstanden.

Neulich traf ich einen alten Schulfreund auf der Straße, als ich gerade eine Couch auf dem Rücken trug. Er fragte mich: »Nanu, bist du Möbelpacker geworden?«

Ich antwortete: »Nein, Psychiater, ich mache gerade einen Hausbesuch!«

Ja, was wäre ein Psychiater ohne Couch!? Vor allem bei der Heilung von Frauenleiden! Ein Psychiater ist ja ein Mensch, der einem das angenehme Gefühl vermittelt, ein kompliziertes Wesen zu sein. Da kam doch ein junges Mädchen zu mir und sagte: »Herr Doktor, können Sie nicht meine Persönlichkeit spalten, ich bin so einsam! Gibt es denn garnichts gegen diesen schrecklichen Liebeskummer!? »Doch«, sagte ich, »ich werde Ihnen mal eine Flasche Rizinus verschreiben!«

Sie meinte: »Aber das ist doch ein Abführmittel, und das soll helfen?«

Ich antwortete: »Das gerade nicht, aber es lenkt ab.«

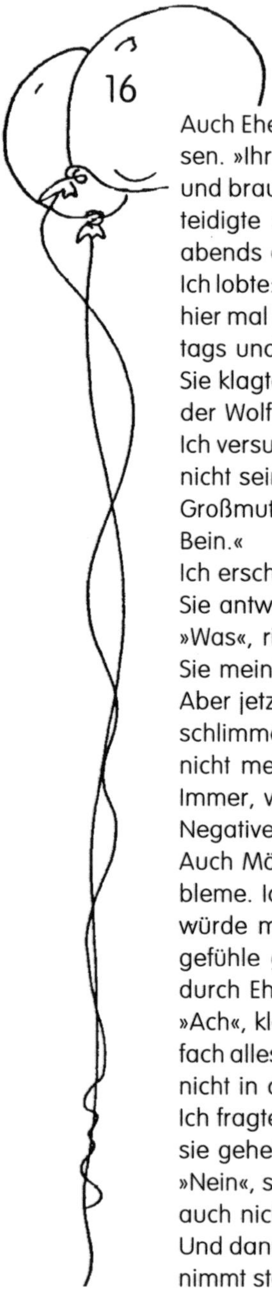

Auch Ehefrauen haben so ihre Probleme. Ich redete einer ins Gewissen. »Ihr Mann war bei mir, er leidet unter schweren Depressionen und braucht dringend absolute Ruhe und Erholung.« »Ich weiß«, verteidigte sich die Frau. »Das rede ich ihm doch von morgens bis abends ein. Aber er hört ja nicht auf mich!«
Ich lobte: »Ausgezeichnet, das ist ein guter Anfang. Ich schreibe Ihnen hier mal ein Beruhigungsmittel auf. Das nehmen »Sie« morgens, mittags und abends!«
Sie klagte weiter: »Was soll ich machen? Mein Mann bildet sich ein, der Wolf aus dem Märchen Rotkäppchen zu sein!«
Ich versuchte sie zu beruhigen: »Na, so schlimm wird das doch wohl nicht sein?« »Doch«, stöhnte sie, »er hat jetzt immer Appetit auf die Großmutter! Und dann hebt er auch an jedem Laternenpfahl das Bein.«
Ich erschrak und fragte sie: »Wie lange macht er das denn schon?«
Sie antwortete: »Seit etwa sechs Jahren!«
»Was«, rief ich, »und dann kommen Sie erst jetzt zu mir!«
Sie meinte: »Ja, nun, bis jetzt hat er immer nur gebellt!
Aber jetzt bildet er sich ein, selbst eine Laterne zu sein. Das ist viel schlimmer, denn bei der Helligkeit im Schlafzimmer kann ich einfach nicht mehr einschlafen. Außerdem glaube ich, daß er fremdgeht. Immer, wenn es nachts blitzt, fährt er hoch und ruft: »Ich kaufe die Negative!«
Auch Männer liegen bei mir auf der Couch und schildern ihre Probleme. Ich höre ihnen auch meistens zu und frage sie dann: »Jetzt würde mich nur noch interessieren: Sind diese Minderwertigkeitsgefühle ganz plötzlich aufgetreten oder hat es sich völlig normal durch Ehe und Vaterschaft entwickelt?«
»Ach«, klagte zum Beispiel ein Mann, »meine Frau verbietet mir einfach alles! Ich darf nicht rauchen, nicht im Fernsehen Fußball gucken, nicht in die Kneipe gehen.«
Ich fragte verständnisvoll und mitfühlend: »Und jetzt bereuen Sie es, sie geheiratet zu haben?«
»Nein«, schüttelte der Mann bekümmert den Kopf, »bereuen darf ich auch nichts.
Und dann hat sie auch noch so eine schreckliche Angewohnheit. Sie nimmt ständig ihre beiden langhaarigen Hunde mit in unser Schlafzimmer.

Es ist ja gar nicht so sehr wegen der Flöhe und auch nicht, weil sie morgens immer so früh bellen. Es ist der unangenehme Geruch, der mir auf die Nerven geht!«
Ich sagte ihm: »Das ist doch überhaupt kein Problem. Sie brauchen nur öfter das Fenster zu öffnen und zu lüften!« »Nein« rief der Mann entsetzt aus, »dann fliegen mir ja alle meine Tauben davon!«
Ja, nicht alle Ratschläge lassen sich verwirklichen!
Dann druckste er noch herum und bat: »Herr Doktor, meine Frau hat die Sprache verloren, könnten Sie wohl in vier Wochen einmal vorbeikommen?« Ich untersuchte sie und erklärte dem Mann: »Wissen Sie auch, daß Sie Ihrer Frau jede Nacht Sorgen bereiten?«
Er fragte erstaunt: »Warum, ich bin doch keine Nacht zu Hause!?«
»Und außerdem«, sagte ich, »hat sie schwere Minderwertigkeitskomplexe!« Da bat er mich: »Herr Doktor, können Sie nicht machen, daß meine Frau ihre Minderwertigkeitskomplexe noch etwas behält?«
Ja, so ein Seelenlotse hat es nicht immer leicht.
An und für sich wollte ich den Mann ja in ein Sanatorium überweisen, weil er auch noch behauptete, die Mengenlehre zu verstehen. Aber alle Nervenheilanstalten sind ja heute überfüllt.
Das ist nun mal so: »Die einzige Rose, die heutzutage in unserer Betonlandschaft blüht, ist die Neu-Rose!«
Zum Schluß gab der Mann auf der Couch mir noch völlig aufgelöst zu verstehen: »Herr Doktor, mir ist was ganz Schreckliches passiert. Ich habe statt Ihrer Beruhigungstabletten eine Antibabypille geschluckt! Was soll ich tun?« Ich untersuchte ihn gründlich und konnte ihn dann beruhigen: »Haben Sie keine Angst, die Pille hat gewirkt! Sie bekommen kein Baby.«

Leev Jecke, halt' de Ohren steif,
sonst seid Ihr auch bald anstaltsreif!

Ertragt euch selber und den Tor,
verdrängt Neurosen durch Humor!

Und seht nicht alles gar so grau;
das Leben ist doch schön – Helau!

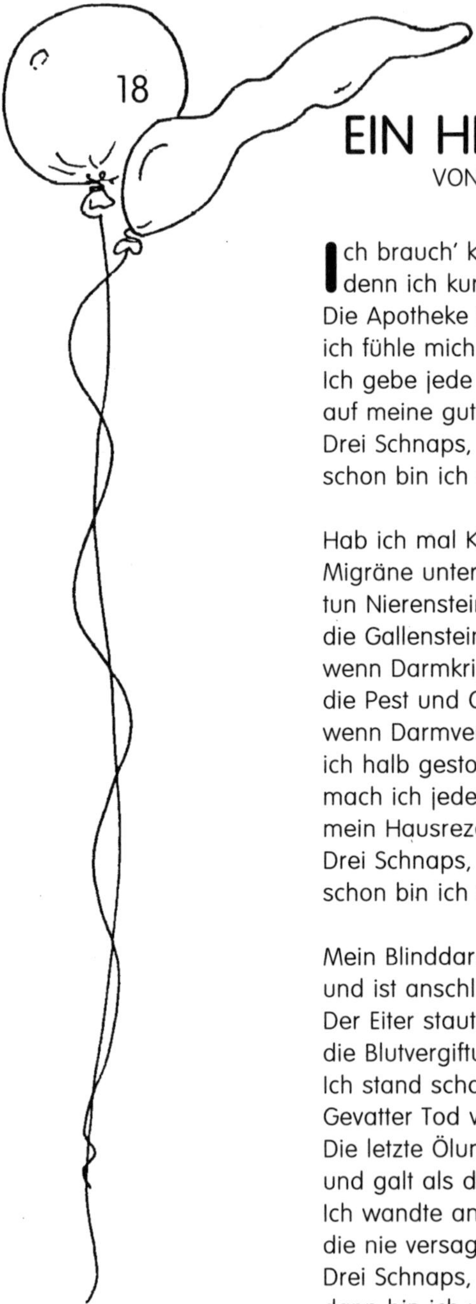

EIN HEILPRAKTIKER

VON JOSEF HARTMANN

Ich brauch' kein' Arzt, kein' Krankenschein,
denn ich kurier mich ganz allein.
Die Apotheke ist mir fremd,
ich fühle mich dort ganz verklemmt.
Ich gebe jede Garantie
auf meine gute Therapie:
Drei Schnaps, mein' Frau und unser Hund,
schon bin ich wieder kerngesund.

Hab ich mal Kopfweh, Weh im Kopf,
Migräne unter meinem Schopf,
tun Nierensteine heftig plagen,
die Gallensteine Salto schlagen,
wenn Darmkripp', Angina mich begleiten,
die Pest und Cholera auf mir reiten,
wenn Darmverschlingung mich bedroht,
ich halb gestorben bin, fast tot,
mach ich jeder Krankheit den Garaus,
mein Hausrezept, das sieht so aus:
Drei Schnaps, mein' Frau und unser Hund,
schon bin ich wieder kerngesund.

Mein Blinddarm hatt' sich einst gelatzt
und ist anschließend gleich geplatzt.
Der Eiter staute sich im Bauch,
die Blutvergiftung kam dann auch.
Ich stand schon auf der Abschußliste,
Gevatter Tod von weitem grüßte.
Die letzte Ölung hatt' ich schon
und galt als der verlorene Sohn.
Ich wandte an die Therapie,
die nie versagt mit Garantie:
Drei Schnaps, mein' Frau und unser Hund,
dann bin ich wieder kerngesund.

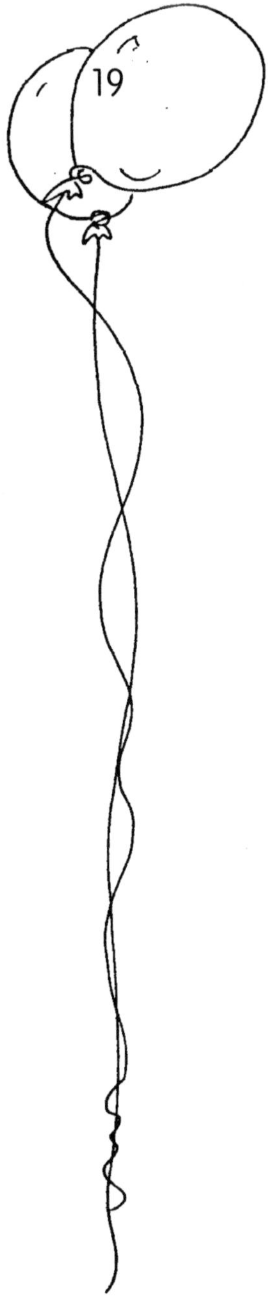

Einst hatte ich Gehirnentzündung,
mir drohte Taubheit und Erblindung.
Dann hatte ich noch ganz gemeine
drei Zentimeter lange Blasensteine.
Gepaart mit Gicht und Gürtelrose
und ständig braungefärbter Hose.
Dazu Tripper im hohen Maße
aus Hamburgs schöner Herbertstraße.
Alle Ärzte sangen schon im Chor:
»Der Mann ist rettungslos verlor'.«
Ich lachte sie dann alle aus
und sagte: Mein Rezept, das sieht so aus:
Drei Schnaps, mein' Frau und unser Hund,
schon bin ich wieder kerngesund.

Ein Ölscheich aus dem Orient
sagt zu mir, daß er nicht mehr könnt'.
Obwohl sein Harem riesengroß,
sei bei ihm diesbezüglich nichts mehr los.
In Paris und Hamburg sei er gewesen,
es hätt' nichts gebracht, nur hohe Spesen.
Nirgendwo geschah das Wunder:
Der kleine Mann fiel ständig runter.
Ich wandte die Therapie dann an:
wonach dann jeder Mann wieder kann:
Drei Schnaps, mein' Frau und unser Hund,
der Scheich war wieder kerngesund.

Ein Bankier klagt: Er könne nicht mehr denken
und würd' sein ganzes Geld verschenken.
Der Aufsichtsrat mache nicht mehr mit,
weil ein jeder bekäme von ihm Kredit.
Egal ob Strolch oder Pleitegeier,
Bankräuber, Dieb oder der Herr Maier,
er sähe nur noch rote Zahlen
und erleide hierbei Höllenqualen.
Ich wandte an die Therapie,
die immer hilft mit Garantie:

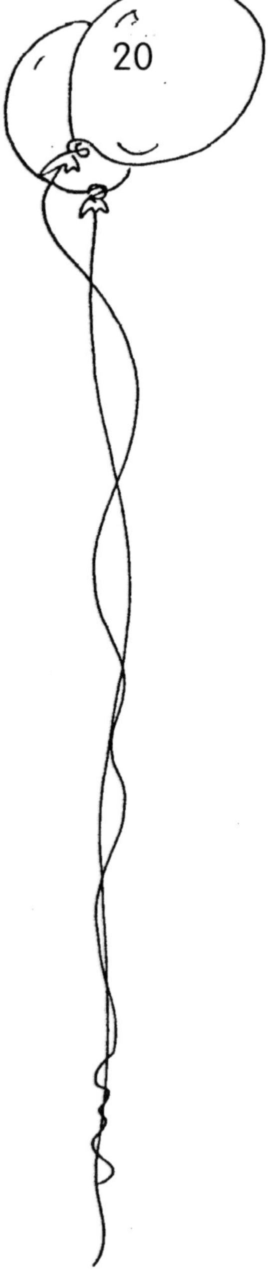

Drei Schnaps, mein' Frau und unser Hund,
der Bankier, der war kerngesund.

Ein Politiker aus Bonn kam zu mir
mit einem total geschädigten Gehör.
Bei jedem HNO der Welt
habe er nutzlos eingesetzt sein Geld.
Ich sei nun seine letzte Instanz,
danach erlösche von seinem Stern der Glanz.
Im Bundestag er sich ständig blamiere,
weil er oft für die falsche Seite applaudiere.
Bei einem Mißtrauensvotum habe er ungewollt
die eigene Fraktion ganz bös verkohlt.
Weil er dem Kanzler falsch gab Zunder,
fiel dieser von dem Sockel runter.
Er sei nun der Ärmste auf der Welt,
politisch völlig kaltgestellt.
Ich wandte an die Therapie,
die immer hilft mit Garantie:
Drei Schnaps, mein' Frau und unser Hund,
dem Politiker sein Gehör war wieder kerngesund.

Ein Polizist tat bei mir erscheine
er könne nichts dafür, er müsse immer weine.
Bei jedem Führerscheinentzug,
bei Anzeigen, Mord und Betrug,
bei Schlägereien, um's zu erwähnen,
rollten bei ihm ständig Krokodilstränen.
Sogar bei Zeugen vor Gericht
versiegten seine Tränen nicht.
Wenn morgens früh er still erwache,
läg er in einer Tränenlache.
Dies würde man ihm falsch jetzt deute,
bei der Verwandschaft herrsche große Freude.
Fast halber tot würd' man sich lache,
weil er des Nachts ins Bett würd' mache.
Sein Uz-Name sei nicht deutsche Eiche,
sondern Polizist Maier, der Tränenreiche.

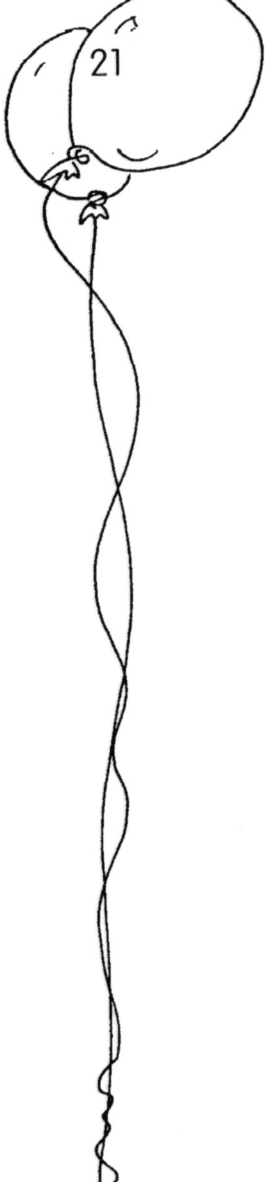

Ich wandt an die Therapie,
die immer hilft mit Garantie:
Drei Schnaps, mein' Frau und unser Hund,
der Polizist war wieder trocken und gesund.

Zum Schluß, ihr Närrinnen und Narren,
möcht' ich euch all davor bewahren:
Vor Krankheit, Pech und Mißvergnügen,
vorm ungewollten Kinderkriegen,
vor Griesgram, grimmigem Gesicht,
vor Müdigkeit und Sexverzicht,
vor Streitigkeiten in euren Stuben,
vor Landstreichern und bösen Buben.
Kommt her zu mir mit euren Sachen,
dann könnt ihr all bald wieder lachen.
Ich wend' an die Therapie,
die immer hilft mit Garantie:
Drei Schnaps, mein' Frau und unser Hund,
dann seid ihr wieder kerngesund.

Helau!

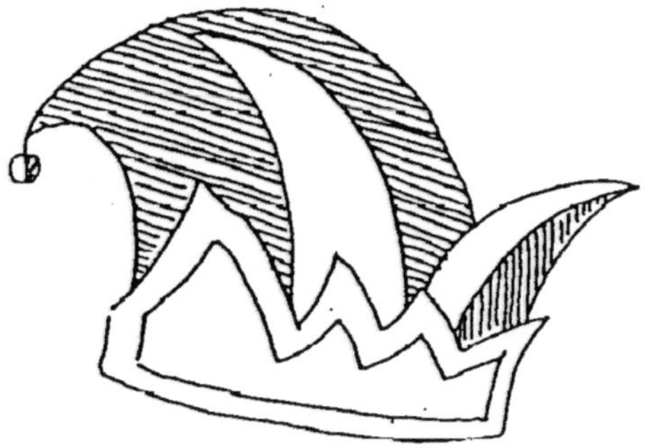

MÄNNERHOBBYS

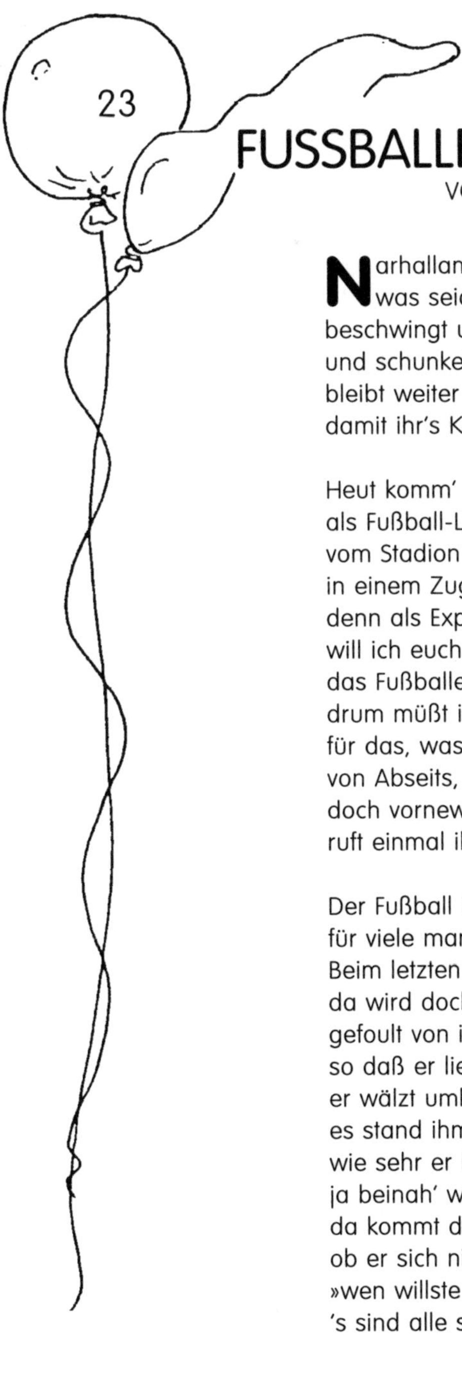

FUSSBALLBERICHTERSTATTER

VON MICHAEL ADAM

Narhallamarsch, helau, hallo,
was seid ihr heute wieder so
beschwingt und närrisch auch und heiter,
und schunkellaunig und so weiter,
bleibt weiter trink- und sattelfest,
damit ihr's Klatschen nicht vergeßt!

Heut komm' ich hier zu euch ins Gatter,
als Fußball-Live-Berichterstatter,
vom Stadion bin ich rasant
in einem Zug hierher gerannt,
denn als Experte für den Ball
will ich euch jetzt in jedem Fall
das Fußballeinmaleins erklär'n,
drum müßt ihr eure Ohr'n aufsperr'n,
für das, was ich euch jetzt erklär',
von Abseits, Elfer und noch mehr,
doch vorneweg und ganz genau
ruft einmal ihr im Chor: HELAU!!

Der Fußball ist, es klingt brutal,
für viele manchmal eine Qual.
Beim letzten Heimspiel, wirklich wahr,
da wird doch unser Stürmerstar
gefoult von irgend einem Aas,
so daß er liegenbleibt im Gras,
er wälzt umher, von Pein getrieben,
es stand ihm ins Gesicht geschrieben,
wie sehr er leiden tut, oh Not,
ja beinah' wär' er fast schon tot,
da kommt der Schiri, schreit: »Oh Mann«,
ob er sich nicht entscheiden kann,
»wen willste haben zur Aktion,
's sind alle schon im Stadion:

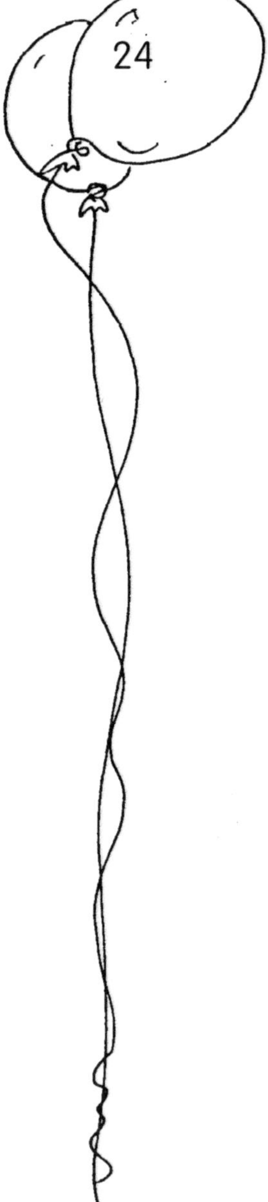

das Rote Kreuz, das kommt hierher,
und auch Theaterkritiker.«

Der Schiri pfeift, ein Match ist aus,
die Fußballspieler trotten raus,
in die Kabinen tun sie huschen
und wollen alle erst mal duschen,
da plötzlich stockt der elfte Mann
und haut den Mannschaftskäpten an:
»Du Kumpel, gib mir mal 'nen Tip,
seit wann trägst du 'nen Damenslip?«
»Seit meine Frau«, sagt er verschreckt,
»ihn hat im Handschuhfach entdeckt.«

Wohin zuviel des Lobes führt,
das ha'm wir neulich erst gespürt,
der Mittelstürmer, der lud ein,
die Mannschaft sollte Zeuge sein
beim Taufakt von sei'm ersten Sohn,
und alle kamen in den Dom.

Die Taufe lief erst wie geschmiert,
als plötzlich es dann doch passiert,
das Kind rutscht aus des Pfarrers Arm,
die Mutter schlägt sofort Alarm,
da hechtet unser Torwart los
und donnert durch wie ein Geschoß,
in Richtung Taufstein fliegt er ab,
dort wo das Kindchen fällt herab,
greift geistesgegenwärtig ein
und hat dadurch – so soll's auch sein,
das Baby noch, wir taten bangen,
grad über'm Boden abgefangen.

Begeistert klatscht die ganze Schar,
ja, dieser Torwart ist ein Star,
der Beifall geht ihm gut ins Ohr,
er glaubt, er steht in seinem Tor,

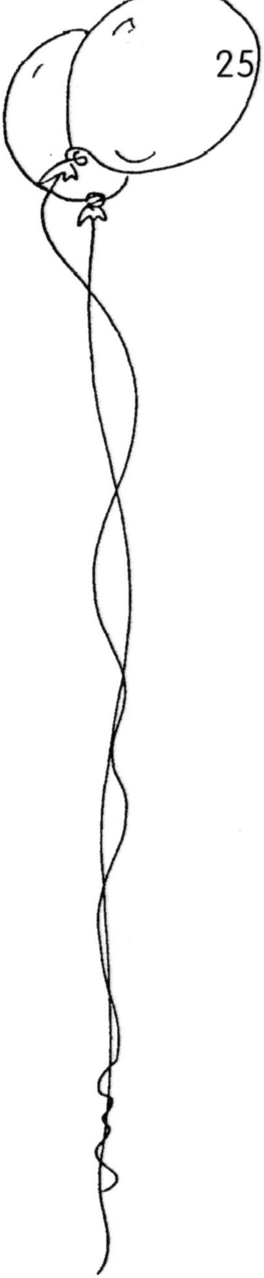

toppt dreimal auf, in seinem Wahne,
und macht 'nen Abschlag – erste Sahne!

Nicht nur am Spielfeld, auch am Rand,
erlebt man doch so allerhand,
erst Samstag vor dem Liga-Hit
ich kriege das ganz deutlich mit,
derweil ich turtel mit mei'm Schatz,
da nimmt vor mir ein Pärchen Platz.
Er so ein Männchen, sie ein Kloß,
kaum sitz'se, zischt'se auch schon los,
daß doch schon jemand spielen tät,
und sie wär' wieder mal zu spät...
»Das ist doch erst das Vorspiel jetzt«,
hat daraufhin der Mann versetzt.
»Das VORPIEL?« fragt sie sinnesfroh,
»wie lange dauert das denn so?«
»Na ja«, hör ich den Mann vermuten,
»so 90 lockere Minuten«,
worauf die Frau fängt an zu schäumen:
»von sowas kann *ich* ja nur träumen...«

Grad neulich, da ist was passiert,
davon war ich noch lang' verwirrt,
beim Heimspiel war's, da kommt, o Graus,
auf einmal unser Stürmer raus.
Gehumpelt hat er, ach du Schreck,
zieht's Bein nach und kommt kaum vom Fleck,
vor Schmerz tat er die Fäuste ballen,
und beinah' wär' er umgefallen.
»Verletzt?« wurd' er besorgt gefragt,
»nein, nein«, hat müde er gesagt,
und winkt in Richtung Fotografen,
»mein Bein ist mir nur eingeschlafen.«

Beim Auswärtsspiel das letzte Mal
war's wirklich wieder eine Qual.
Die Mannschaft holte sich im Trab

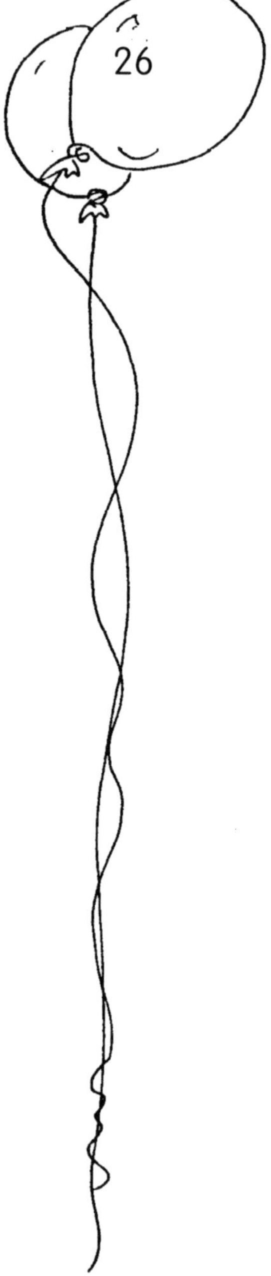

'ne wunderschöne Packung ab.
Beim null zu neun, o Schreck und Graus,
da haut es unser'n Trainer raus,
er springt hervor, schreit was er kann,
den hochbezahlten Stürmer an:
»Wann kann ich denn mal«, hörst'en fleh'n,
»von dir was Gutes wieder seh'n?«
Da hat der Dolle nur gelacht:
»Im Werbefernseh'n, heut um acht...«
Nach jedem Sieg, das ist ganz klar,
gibt's Sekt und Bier und Kaviar,
so war's auch kürzlich – ohne Possen,
das sieben-drei wurd' schwer begossen.
Die Party war ein echter Hit,
auch viele Mädels machten mit,
da plötzlich haut, ganz rechts im Saal,
so mir nichts, dir nichts, Knall und Fall,
ein Mietzchen unser'm Abwehr-As
'ne Watschen rein, die echt gut saß!
Der Ballwart springt erschreckt hinzu
und macht die Kleine an: »Hey, du,
schaff' mir hier keinen Ärger ran!«
Da grinst das Mädel ihn nur an
und sagt mit schnippischem Gesicht:
»Im Strafraum Handspiel duld' ich nicht.«
Zum Freundschaftsspiel, das ist jetzt wahr,
ging's unlängst nach Amerika.
Mit Delta-Airlines vier-sechs-drei
– der Tower gab die Piste frei –
ha'm wir, auch das ist nicht gelogen,
in Frankfurt-Airport abgehoben.
Nach USA, das ist sehr weit,
und Langeweile macht sich breit,
da schlägt der Libero uns vor:
»Auf Jungs, wer schießt das erste Tor?«
Sofort ha'm alle mitgemacht,
es war 'ne tolle Fußballschlacht!

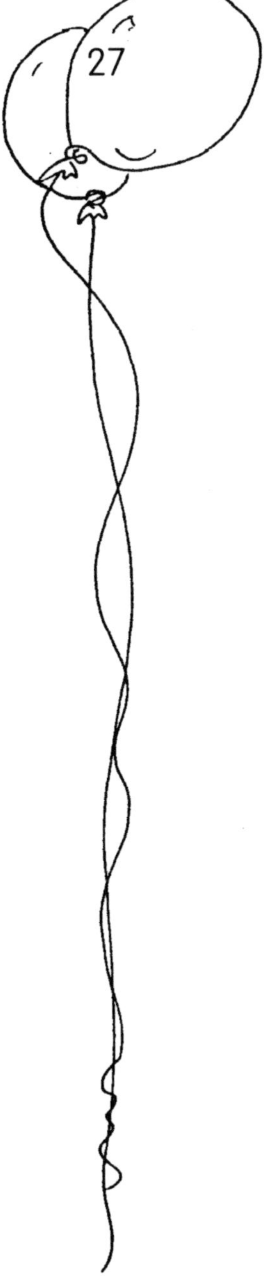

Im Cockpit vorn, bei den Piloten,
hört laut man's fluchen: »Die Idioten,
die sollen jetzt mal Halbzeit machen,
sonst wird das Flugzeug runterkrachen,
hey, Co-Pilot, sieh doch mal zu,
daß die dahinten geben Ruh'«,
so tobt der Käpten vorn im Jet,
ich sag's euch, das war echt nicht nett,
derweil im Heck – wie's seine Pflicht –
der Vize mit der Mannschaft spricht,
und prompt ist, das war lobenswert,
totale Ruhe eingekehrt.

»Wie das«, hat vorn der Chef gefragt,
worauf der Vize lächelnd sagt:
»Oh Käpten, das war gar nicht schlimm,
ich sag' nur zu dem Fußballteam,
es ist so schönes Wetter hier,
spielt besser draußen, vor der Tür.«

Das war's, Schluß aus, es ist vorbei,
zu Ende ist die Narretei,
von wegen Fußball, Elfer, Tor,
ich hole jetzt mein' Ball hervor
und fülle ihn mit Bier und Wein,
ich will jetzt fit fürs Endspiel sein,
das hab' ich gleich, das wird 'ne Schau,
zu Haus, da wartet meine Frau,
da krieg' ich heut die rote Kart',
solange hat sie schon gewart'
auf einen Freistoß mit Elfmeter,
ich hoff', es gibt dann kein Gezeter,
drum geh' ich jetzt, verlass die Bütt,
bleibt munter, Leut', und werd' nicht müd,
und seid schön brav und nicht so blau,
dann grüß' ich dreimal euch: HELAU!

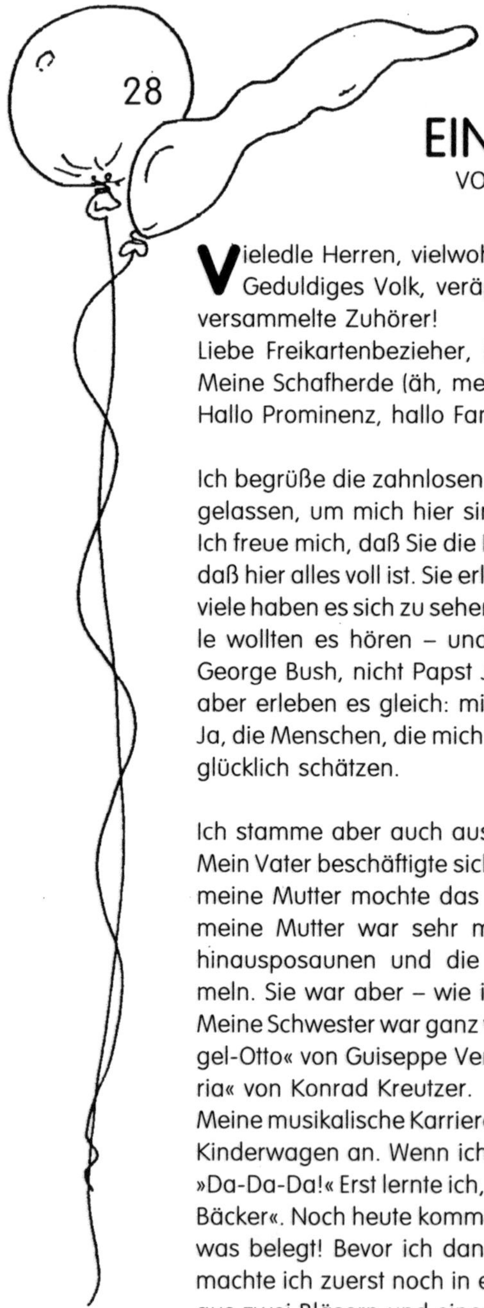

EIN SÄNGER

VON GERD HINDERS

Vieledle Herren, vielwohlgeformt verkehrte Damen!
Geduldiges Volk, veräppelte Gemeinde, in Bacchus und Amor versammelte Zuhörer!
Liebe Freikartenbezieher, Ladies and Gentlemen – und der Rest!
Meine Schafherde (äh, meine Herrschaften)!
Hallo Prominenz, hallo Fans!

Ich begrüße die zahnlosen Damen und Herren, die sich hier niedergelassen, um mich hier singen zu lassen. Oropax vobiscum!
Ich freue mich, daß Sie die Ehre haben, mich auftreten zu sehen, und daß hier alles voll ist. Sie erleben heute eine Welturaufführung! Schon viele haben es sich zu sehen gewünscht – und sie sahen es nicht! Viele wollten es hören – und hörten es nicht! Nicht Adenauer, nicht George Bush, nicht Papst Johannes Paul II, noch Gorbatschow. Sie aber erleben es gleich: mich als Sänger!
Ja, die Menschen, die mich noch nicht gehört haben, die können sich glücklich schätzen.

Ich stamme aber auch aus einer sehr musikalischen Familie:
Mein Vater beschäftigte sich schon immer mit Violine und Viola. Aber meine Mutter mochte das nicht. Viola war Vaters Sekretärin! Auch meine Mutter war sehr musikalisch. Sie konnte alle Neuigkeiten hinausposaunen und die ganze Nachbarschaft zusammentrommeln. Sie war aber – wie ich schon sagte – meistens verstimmt!
Meine Schwester war ganz wild auf Opern. Sie hörte am liebsten »Riegel-Otto« von Guiseppe Verdi und »Das Nachtlager von Gran Canaria« von Konrad Kreutzer.
Meine musikalische Karriere und mein Niveau deuteten sich schon im Kinderwagen an. Wenn ich sehr bewegt war, rief ich schon immer: »Da-Da-Da!« Erst lernte ich, wie Heino, Bäcker! Jetzt bin ich ein »Play-Bäcker«. Noch heute komme ich mir wie ein Brötchen vor – immer etwas belegt! Bevor ich dann hauptberuflich wirklich Sänger wurde, machte ich zuerst noch in einer Vier-Mann-Kapelle mit: Sie bestand aus zwei Bläsern und einem Schlagzeuger. Ich steuerte das Flucht-

auto! Später wurde ich dann in einem Talentschuppen als Sänger entdeckt. Talent hatte ich keines, aber Schuppen!
Meine Mutter wollte, daß ich täglich drei Stunden Sprach- und Gesangsübungen machte. Sie konnte unsere Nachbarn nicht leiden!
Ich kriegte dann ein Auslandsstipendium in Amerika. Das haben unsere Nachbarn bezahlt. Ich studierte an dem bekannten Konservatorium »Sing-Sing«! Seitdem kenne ich den Unterschied zwischen einem Buchhalter und einem Notenständer.
Um meine Rechte zu wahren, trat ich dann in die Gewerkschaft »Ton und Keramik« ein.
Meiner kulturellen Verpflichtung und dem Publikumsgeschmack entsprechend wurde ich erst einmal Schlagersänger – also Heulpraktiker! Schlagersänger sind ja junge Männer, die bei Strom- und Mikrofonausfall keine Sänger mehr sind. Das sind diejenigen, die ja schon immer Gesangsunterricht nehmen wollten, aber nie dazu gekommen sind – und die es jetzt bleiben lassen, weil sie inzwischen berühmt sind. So wie ich!
Ich kann mich überhaupt nicht daran erinnern, wann ich nicht berühmt war. Mein Freund sagte schon: »Du bist viel eingebildeter als du zugibst!« Ich antwortete: »Da kannst du mal sehen, wie bescheiden ich bin!«
Ha, Sänger sind ja so von sich überzeugt. Ich kenne mindestens zehn, die sich einbilden, besser als ich zu singen!
Aber Schlager sind gar nicht so einfach. Zumal die Texte alle gesungen werden müssen, weil sie zu dumm sind, gesprochen zu werden! Ich überspiele das immer, denn ich bin ein Sänger nach dem »High-noon-Prinzip«. Das heißt: Ich bin stets »high« und sage mir dann, »nun« geht's los!
Vor jedem Auftritt habe ich zwar Lampenfieber, aber auf der Bühne bin ich hemmungslos!
Ich singe so sexy, daß die Röntgenaufnahmen meines Kehlkopfes jetzt schon als Pornofotos gehandelt werden.
Der Schmelz meiner Stimme ist so ungeheuer, daß nach der Pause das Publikum meist schon auf die Hälfte zusammengeschmolzen ist.
Um dem vorzubeugen, werde ich zunächst einmal nicht singen.
Die Rockmusik »ver-beatet« zwar die klassische Musik, aber ich griff dann doch bei meinen Talenten auf die Opern- und Kammermusik zurück. Zuerst war ich Tenor, aber dann sank ich immer tiefer!

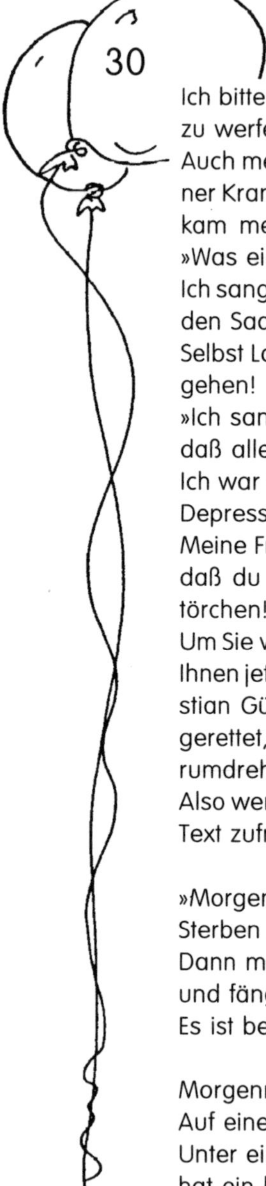

Ich bitte deshalb auch meinen Frequenzabfall nicht in die Mülltonne zu werfen.

Auch mein »Resonanzboden« um die Taille herum schwand nach einer Krankheit. Ich lag mit 39 im Bett. Das war ein Gedränge! Aber ich kam meinen (musikalischen) Verpfichtungen nach. Ich sagte mir: »Was ein hohes C ist, das bestimme ich!«

Ich sang dann eben »oben ohne«. Meine Stimme hat dann zwar nicht den Saal gefüllt, aber den Erfrischungsraum.

Selbst Laien hielten es unter ihrer Würde, auf meinen Gesang einzugehen!

»Ich sang dann gar so widerlich,
daß aller Reiz der Lieder wich!«

Ich war damals – wie Mozart – ein lebensfroher Mensch mit vielen Depressionen und einem stets überzogenen Bankkonto.

Meine Frau beklagte sich: »Das hättest du mir gleich sagen können, daß du singst. Ich öle jetzt schon eine halbe Stunde das Gartentörchen!« Ich wurde dann ein lyrischer Bariton.

Um Sie von dem Wohlklang meiner Stimme zu überzeugen, singe ich Ihnen jetzt die Volksweise »Morgenrot, Morgenrot« nach Johann Christian Günther! Das heißt: Mein Gesang hat mir einmal das Leben gerettet, als mir mein Hauswirt androhte, er würde mir den Hals rumdrehen, wenn ich weiter singen würde. Da habe ich es gelassen! Also werde ich es auch bei Ihnen lassen und Sie bitten, sich mit dem Text zufrieden zu geben, also:

»Morgenrot, Morgenrot!
Sterben ist der schönste Tod.
Dann muß man zu Grabe sinken
und fängt langsam an zu – Staub zu werden.
Es ist bestimmt in Gottes Rat!

Morgenrot, Morgenrot!
Auf einem Nußbaum wächst kein Brot.
Unter einem Baum von Nüssen
hat ein kleiner Hund – geschlafen,
träumt dabei von Knäckebrot!

Morgenrot, Morgenrot!
Wenn du'n Floh hast, schieß ihn tot.
Laß ihn ja nicht überwintern
auf dem Arm und auf – den Hüften.
Kein Wunder, daß du fröhlich bist!«

Sie meinen, das sei nicht seriös? Nun, dann singe ich eben die Nationalhymne der Vegetarier: »Bald gras' ich am Neckar, bald gras' ich am Main!«
Oder das Umweltschutzlied: »Jetzt gang i ans Brünnele, trink aber net«, oder das Organspenderlied: »Dein ist mein ganzes Herz!« Am meisten Erfolg hatte ich ja immer, wenn ich »Am Brunnen vor dem Tore« sang, oder: »Morgen muß ich fort von hier!«
Ich habe auch schon mit Orgelbegleitung in Kirchen gesungen: Da sah man außer mir noch viele, viele Pfeifen. Nach meinem Auftritt sind allerdings viele Leute zum anderen Glauben übergewechselt!

Letztens habe ich auf dem Ärzteball gesungen. Ich fragte den Professor: »Sind Sie davon überzeugt, daß ich mit meiner Stimme was anfangen kann?« Er beruhigte mich, indem er sagte: »Aber natürlich! Ihre Stimme wird Ihnen sehr nützlich sein: zum Beispiel bei einem Überfall, bei Hochwasser, Feuer und anderen Katastrophen!« Ich bin deshalb auch sehr gefragt.
Acht Tage später war ich wieder auf einer Festlichkeit als Sänger verpflichtet. Ich sagte zur Klavierspielerin: »Fräulein, ich werde jetzt »Im tiefen Keller« singen. Würden Sie mich begleiten?«
Da sagte sie: »O ja, gerne. Gehen Sie schon einmal langsam vor. Ich komme leise nach, damit niemand was merkt!«
Auf Geburtstagsfeiern singe ich natürlich immer das »Bürstenlied«: »Happy Bürste to you!«
Meiner Stimmgewalt entsprechend wurde ich dann Opernsänger. Nur keine Angst! Ich bin zwar kein Caruso, aber ich tu' so. Ich habe zum Beispiel in Bayreuth auch den Siegfried und den Lohengrin gesungen! Fünf Stunden stillsitzen ist ja die erste Vorstufe der Heiligkeit. Na ja, Wagner soll ja angeblich besser sein, als er sich anhört. Ich sang den Lohengrin so lange und intensiv, daß Elsa mich schließlich fragte, welchen Geschlechts ich sei. Es gab in den Wagner-Opern natürlich auch Sängerinnen – alles »Prima-Tonnen«!

Ich habe meine Stimme dann auf d-moll getrimmt – sie demolierte alles! Bei bekannten Arien stimmte ich das Lied an – und der ganze Saal fiel ein!
An der Türe war ein Schild angebracht: »Das Mitbringen von Hunden ist verboten!« Nach der Vorstellung hatte jemand darunter geschrieben: »Der Tierschutzverein«!
Ja, was ist der Unterschied zwischen einem Sänger und einem Hund? Nun, wenn man pfeift, kommt der Hund, und der Sänger geht!
Mein Musikpädagoge riet mir deshalb, mich doch auf Weihnachtslieder zu beschränken: Dann würde ich nur einmal im Jahr singen!
Schließlich wurde ich »Kammersänger«.
Ich finde, ein Lied kam mer *so* oder *so* singen«
Bei mir stehen die Töne mit dem, was im Notenblatt steht, in keiner allzu nahen Verbindung. Für jeden richtigen Ton kriege ich Finderlohn. Meine Liederabende laufen unter dem Motto: »Erkennen Sie die Melodie?« Meine Stimme füllt dann so den Saal, daß das Publikum geht, um ihr Platz zu machen!
Vor jedem Konzert kaufe ich alle Tomaten und Eier in der Stadt auf. Ich zähle auch genau nach, ob am Ende alle Blumensträuße überreicht werden, die ich bestellt habe. Mit der Ausgabe der Autogrammkarten kann schon zu Anfang begonnen werden. Kommt keiner, bestimme ich einfach welche.
Meine Stimme sitzt in der Kehle – in der Kniekehle. Meine Lieder sind im »underground« beheimatet, d.h., sie gehen sehr tief! Bevor ich singe, schlage ich immer an die Stimmgabel. Sie sagt einem nämlich ganz genau, wo man bei einem Lied anfangen muß. Ich nehme dann die Pobacken zusammen, damit der Ton auch den richtigen Weg nach draußen findet.
Alle meine Schallplatten sind in Quadrophonie aufgenommen. Deshalb ist auch mein Gesang für Leute mit vier Ohren ganz besonders interessant!
Eigentlich brauchte ich ja heute vor so einem erlesenen Publikum eine neue Hose, weil ich in der alten keine Musik mehr machen kann!
So singe ich jetzt trotzdem als Koller-Natur-Sänger auf der Frequenz drei Kilohertz und vier Kilo Leber Melodien aus der Operette »Die Charadenfürstin« von Emmerich Kálmán im 3/4-Takt – also nichts Halbes und nichts Ganzes.
Ich gebe der Musik sechs vor, aber ich hole sie dann ein.

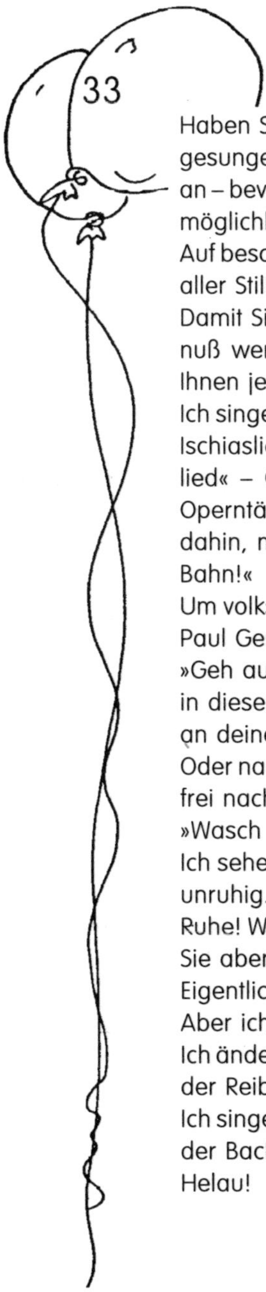

Haben Sie Angst? Ich nicht. Ich habe schon viel größere Säle leergesungen. Schauen Sie sich noch schnell einmal diesen schönen Saal an – bevor gleich die Panik ausbricht. Die Polizei gibt keine Ausweichmöglichkeiten an. Bitte Fenster und Türen schließen, ich beginne.

Auf besonderen Wunsch des Gesundheitsamtes findet das Konzert in aller Stille statt. Also besser überhaupt nicht!

Damit Sie aber nicht allzusehr enttäuscht sind und diesen Kunstgenuß wenigstens beim nächsten Mal miterleben können, gebe ich Ihnen jetzt schon einen Überblick über mein Repertoire:

Ich singe gleich »Das Austernlied« – Auster Jugendzeit! Danach »Das Ischiaslied« – Ich schiaß den Hirsch im wilden Forst! Oder »Das Obstlied« – Obste mich liebst, das weiß ich! In Anlehnung an meine Operntätigkeit »Die Geflügeloper« nach Richard Wagner: »Nun zieh dahin, mein lieber Schwan! Fahr du schon vor, ich komm' mit der Bahn!«

Um volksnah zu bleiben: »Wenn die Gattin nicht gekocht hat« – nach Paul Gerhardt:

»Geh aus, mein Herz, und suche Freud'
in dieser schönen Sommerszeit
an deines Gottes Gaben!«

Oder nachdem der Mann dann doch noch was zu essen gekriegt hat, frei nach Johann Friedrich Reinhard:

»Wasch auf, meines Herzens Schöne, Herzallerliebste mein!«

Ich sehe wohl, Sie nehmen mich nicht ganz ernst und werden schon unruhig.

Ruhe! Wenn das nicht aufhört, dann singe ich wirklich. Dann können Sie aber was erleben!

Eigentlich wollte ich ja zum Abschluß noch ein »Wiegenlied« singen. Aber ich sehe bereits: Sie schlafen auch ohnehin schon!

Ich ändere also mein Programm. Der schönste Bach ist ja bekanntlich der Reibach.

Ich singe aber statt dessen jetzt einen anderen Bach und schließe mit der Bachkantate 60: »Es ist genug«!

Helau!

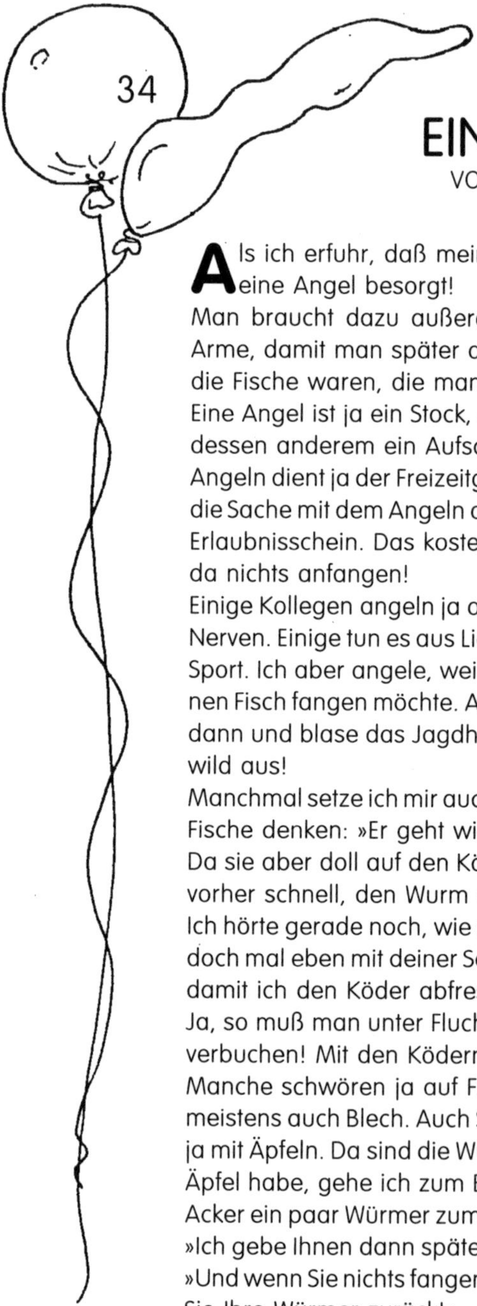

EIN ANGLER

VON GERD HINDERS

Als ich erfuhr, daß meine Frau Würmer hat, habe ich mir gleich eine Angel besorgt!

Man braucht dazu außerdem noch einen Eimer und ganz lange Arme, damit man später auch den anderen zeigen kann, wie groß die Fische waren, die man beinahe gefangen hätte.

Eine Angel ist ja ein Stock, an dessen einem Ende ein Wurm und an dessen anderem ein Aufschneider hängt.

Angeln dient ja der Freizeitgestaltung und der Erholung. Meistens hat die Sache mit dem Angeln aber einen Haken: Angeln Sie einmal ohne Erlaubnisschein. Das kostet Nerven. Mit einer Netzkarte können Sie da nichts anfangen!

Einige Kollegen angeln ja aus Leidenschaft, andere zur Stärkung der Nerven. Einige tun es aus Liebe zur Natur, für andere wieder ist es ein Sport. Ich aber angele, weil ich ja doch irgendwann auch einmal einen Fisch fangen möchte. Aber die Fische sind schlau! Ich täusche sie dann und blase das Jagdhorn, damit sie meinen, ich ginge auf Rotwild aus!

Manchmal setze ich mir auch die Mütze verkehrt herum auf, damit die Fische denken: »Er geht wieder.«

Da sie aber doll auf den Köder sind, versuchen sie dann doch noch vorher schnell, den Wurm abzubeißen!

Ich hörte gerade noch, wie der eine Fisch zum anderen sagte: »Halte doch mal eben mit deiner Schnauze das obere Ende des Hakens fest, damit ich den Köder abfressen kann!«

Ja, so muß man unter Fluchen doch versuchen, einen Fisch doch zu verbuchen! Mit den Ködern ist das schon so eine Sache.

Manche schwören ja auf Fliegen. Aber so eine Fliege aus Blech ist meistens auch Blech. Auch Schweizer Käse ist meist Käse. Ich angele ja mit Äpfeln. Da sind die Würmer gleich drin! Wenn ich gerade keine Äpfel habe, gehe ich zum Bauern und frage, ob ich mir auf seinem Acker ein paar Würmer zum Angeln suchen darf! Ich verspreche ihm: »Ich gebe Ihnen dann später auch einen Fisch dafür!« Er fragte mich: »Und wenn Sie nichts fangen?« Ich versicherte ihm: »Dann bekommen Sie Ihre Würmer zurück!«

Ich machte also den Köder fest und warf die Angel 30 Meter weit aus in der Hoffnung, daß mich die Fische nicht sähen. Selbst die Angler nennen das »Spinnen«.

Aber Fische können gut sehen und hören, und wenn man sie längere Zeit liegen läßt, riechen sie auch.

Man soll ja immer im Trüben fischen.

Indessen sagt schon eine alte Weisheit: »Fischfrevel wird dir nicht empfohlen, schmeckt auch am besten, was gestohlen!«

Es dauerte auch nicht lange, da kam ein Polizist. Er fragte: »Sagen Sie, wie steht es mit Ihrer Angelkarte?«

Ich versicherte ihm: »Angelkarte?! Damit ist bei mir kein Geschäft zu machen. Ich finde die Fische auch so!«

Schließlich wurde ich aber doch nervös. Ich fragte ihn: »Nun, sagen Sie selbst: Wäre es denn vielleicht ein Verbrechen, hier einen Karpfen zu fangen?«

Er antwortete: »Nein, ein Verbrechen wäre es nicht, aber ein Wunder!« Ich schaffte mir eine Angelkarte an, aber ich fing trotzdem nichts! Mein Sohn war mitgegangen und wartete. Er fragte: »Papa, meinst du nicht auch, daß Fischstäbchen doch viel praktischer sind?«

Ich hatte meinen Erlaubnisschein immer hinten hinters Hutband gesteckt, aber wir fingen nichts. Da riet mir mein Sohn: »Papa, setz lieber deinen Hut mal verkehrt herum auf, damit die Fische sehen, daß du hier auch angeln darfst!«

Manchmal schlafen die Fische aber auch. Dann sind sie im Flußbett!

Ich setze mich also aus Sicherheitsgründen lieber an das Ufer eines Bachs. Vor kurzem habe ich nämlich sogar eine Bachforelle aus dem Forellenquintett gefangen. Die war vielleicht schön! Voll Freude brachte ich sie für die Zubereitung zur Wirtin unseres Vereinslokals. Sie fragte mich: »Wollen Sie die Forelle blau essen?« »Nein«, antwortete ich, »servieren Sie zuerst den Fisch und dann die Getränke!«

Am aufregendsten sind ja nicht die Fische, die an einem vorbeischwimmen, sondern die Menschen, die stehenbleiben und zuschauen. Meist fragen sie: »Beißen sie?« Ich antworte dann: »Nein, nur wenn sie gereizt werden, sonst können Sie sie streicheln!«

Aber nachdem ich die Würmer jetzt selber einmal probiert habe, kann ich die Fische ja nur zu gut verstehen, daß sie ihnen nicht schmecken!

Fragt man einen der Zuschauer, die stundenlang hinter einem gestanden haben, interessiert: »Angeln Sie auch?«, behaupten sie prompt: »Nein, dazu fehlt mir die Geduld!«
Ja, Angeln ist schon unterhaltsam, vor allem für die Zuschauer! Sie lassen die Angel nicht aus den Augen und achten fast noch mehr darauf als man selber.
Angeln ist ja die unverdächtigste Art des Nichtstuns. Nach stundenlangem Zuschauen sagte einer bedauernd: »Jetzt haben Sie schon drei Stunden nichts gefangen. Das ist ein Pech!« Ich aber antwortete: »Drei Stunden bin ich nicht angequatscht worden. Das ist ein Glück!«
Ein anderer schaute staunend in meinen vollen Eimer: »Haben Sie die Fische alle selber gefangen?«
Ich erwiderte: »Aber nein, ich habe einen Wurm, der mir dabei geholfen hat!«
Jeder Angler schwört ja auf seinen eigenen Köder und Trick.
Manche nehmen zum Fischefangen ihre Frauen mit.
Ich aber versuche es meist mit Regenwürmern!
Nur Schwiegermütter mögen die Fische anscheinend nicht:
Mein mich stets beratender Schutzengel stand neben mir und hatte auch die Angel ausgeworfen, aber nichts gefangen. Da sagte die Schwiegermutter unwirsch zu mir: »Komm, mach mir mal einen anderen Wurm an den Haken, dieser gibt sich überhaupt keine Mühe.«
Manche ködern die Fische ja auch, indem sie Wasserflöhe ins Wasser streuen. Aber das sind richtige Tierquäler! Wie sollen sich die Fische denn kratzen?
Sie haben ja auch nur deshalb Schuppen, damit sie ihre Fahrräder darin unterstellen können.
Auch andere Anglerkollegen sind oft sehr kritisch und nicht immer gesprächig. Letztens beschwerte sich mein Sitznachbar am Abend bei mir: »Nun hast du heute schon zum zweiten Mal den Fuß zur Seite gesetzt. Was ist denn los? Tanzen wir nun Rumba oder angeln wir?«
Neulich, als ich beim Wettkampffischen neben ihm eingedöst war und kopfüber ins Wasser fiel, rief er: »Halt! Mit den Händen angeln, das gilt nicht!« Ich brachte beim Auftauchen aber nur einen Schuh mit nach oben. Der Kollege schimpfte: »Schmeiß den nur ja wieder rein!«
Ich aber sagte: »Nein, den behalte ich! Das ist doch ein ganz seltener: Schuhgröße 48!«

Später hing bei mir dann noch eine Bratpfanne und Laterne an der Angel! Da habe ich zu meinem Nachbarn aber doch gesagt: »Komm, wir gehen! Da unten wohnt einer!«
Leider glaubt man uns Fischern nicht alles, weil wir wie die Jäger so viel Latein reden! Aber manchmal habe ich auch Glück.
Neulich habe ich einen so großen Fisch aus dem Wasser gezogen, daß der Wasserspiegel gleich gesunken ist!
Nein, das war kein Walfisch – den hatte ich nur als Köder benutzt!
Es passieren einem beim Angeln manchmal die tollsten Dinge:
Einmal war mir ein Zweimarkstück ins Wasser gefallen. Und was meinen Sie, als ich etwas später flußabwärts einen Barsch fange und ihn aufschneide, was ich darin finde? Nein, nicht die zwei Mark, sondern nur 1,75 Mark. Der Barsch hatte den fehlenden Rest bezahlt, um durch die Schleuse zu kommen!
Als ich einmal nichts gefangen hatte, meinte meine Frau: »Das habe ich mir schon gedacht, weil du deine Brieftasche vergessen hattest.«
Im Fischgeschäft bin ich sonst Stammkunde!
Ich fragte die Verkäuferin: »Ist der Fisch denn auch frisch?«
Sie antwortete: »Ein bißchen Mund-zu-Mund-Beatmung, und Sie können ihn wieder aussetzen.«
»Gut«, erwiderte ich, »dann werfen Sie ihn mir bitte über die Theke zu, damit ich meiner Frau sagen kann, ich hätte ihn selbst gefangen!«
Als Angler muß man die guten Fangstellen kennen. Zum Beispiel ist ein Fischsterben in der Unterelbe nicht zu befürchten, da es aufgrund der Verschmutzung in der Unterelbe keine Fische mehr gibt.
Letztens habe ich aber trotzdem dort noch einen Fisch gefangen. Er wollte dort Chemie studieren!
Die Geschmäcker sind ja verschieden:
Aale sind mir zu fett und zu schwer zu fangen. Wer einen Aal beim Schwanz und eine Frau beim Wort fassen will, der kann wohl sagen, daß er nichts hat.
Kabeljau mag ich nicht, weil man mich als Kind schon mit dem Lebertran geärgert hat. Die Eier des Störs sind mir zu klein, um sie zu kochen.
Ich weiß nicht, warum die Schollen auf den Auktionen noch unter den Hammer kommen. Sie sind doch schon ohnehin platt.
Da ist mir Haifisch schon lieber! Die Bundesbürger essen statistisch gesehen sowieso mehr Haifisch als umgekehrt.

Nach meinem Geschmack sind ja die Backfische am leckersten.
Man hat sie zum Fressen gern. Doch soll man nie vergessen, daß auch sie Gräten haben.
Man ködert sie mit Liebesschwüren.
Als Maulbrüter sind sie manchmal barsch und nehmen das Maul oft ziemlich voll!
Aber das ist nicht schlimm, denn es ist nur eine Zufluchtsstätte und darin befindet sich lediglich durchsichtiges Wasser!
Vor kurzem habe ich vor einer Irrenanstalt geangelt, aber nicht nach Backfischen oder »Goldfischen«.
Vom Hügel des Parks aus konnte man die Stelle sehen, an der ich saß. Auf einmal rief ein Irrer: »Was machst du da?«
Ich antwortete: »Ich angele.«
»Hast du schon was gefangen?« fragte er. »Nein«, sagte ich.
»Wie lange angelst du denn schon?«
Ich antwortete: »Vier Stunden!«
»Dann komm rein!« forderte er mich auf!

Leev Jecke:

»Vergeßt die Gräten unsres Lebens,
bleibt froh im Auf und Ab des Strebens!
Rührt gern für mich sogleich die Flossen,
wenn ich geschlossen meine Possen.

Auch für die Hausfrau ein paar Winke:
»Eßt mehr Fisch und hört mehr Lin(n)ke!
Geht nicht gleich jedem an die Angel,
so kommt Ihr gut durchs Weltgerangel!«
Helau!

ZU ZWEIT IN DER BÜTT

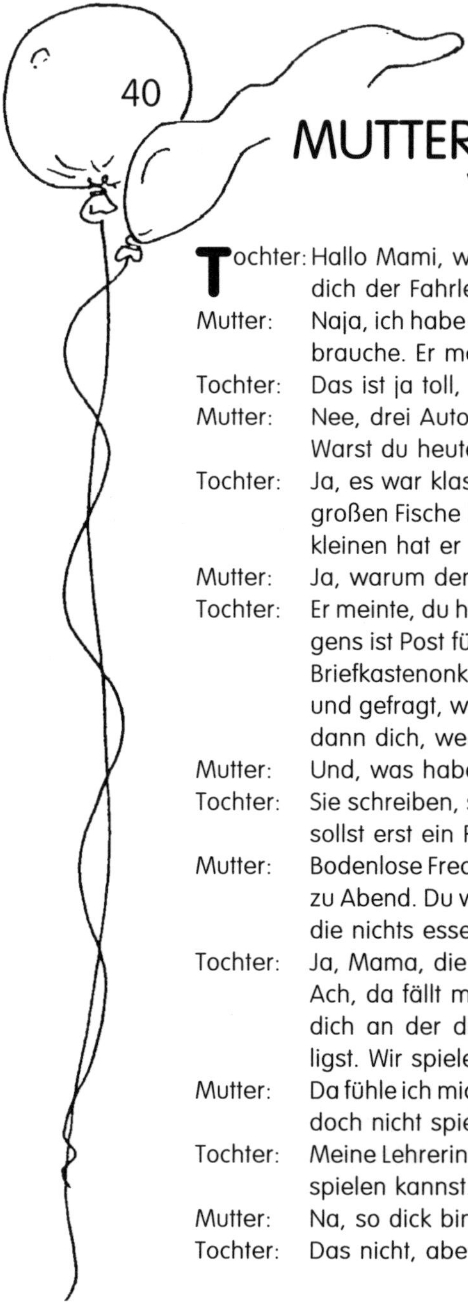

MUTTER UND TOCHTER

VON OLIVER BECK

Tochter: Hallo Mami, wie war denn deine Fahrstunde heute? Hat dich der Fahrlehrer wieder geschimpft?

Mutter: Naja, ich habe ihn gefragt, wie lange ich noch zur Prüfung brauche. Er meinte drei.

Tochter: Das ist ja toll, nur noch drei Stunden!

Mutter: Nee, drei Autos!
Warst du heute mittag mit deinem Vater angeln?

Tochter: Ja, es war klasse. Papa hat total viel gefangen, aber die großen Fische hat er immer wieder reingeworfen. Nur die kleinen hat er mit nach Hause genommen.

Mutter: Ja, warum denn das?

Tochter: Er meinte, du hättest ja eh nur so eine kleine Pfanne. Übrigens ist Post für dich gekommen. Du hattest doch an den Briefkastenonkel in dieser Frauenzeitschrift geschrieben und gefragt, warum Papa immer erst den Hund küßt und dann dich, wenn er nach Hause kommt.

Mutter: Und, was haben sie geantwortet?

Tochter: Sie schreiben, sie könnten es noch nicht beantworten. Du sollst erst ein Foto von dir und dem Hund schicken!

Mutter: Bodenlose Frechheit, und grinse nicht so dämlich. Iß lieber zu Abend. Du weißt ja, was mit kleinen Mädchen passiert, die nichts essen?

Tochter: Ja, Mama, die bleiben schlank und werden Mannequin. Ach, da fällt mir ein: Unsere Lehrerin läßt fragen, ob du dich an der diesjährigen Schultheateraufführung beteiligst. Wir spielen den Diogenes.

Mutter: Da fühle ich mich aber geehrt, aber den Diogenes kann ich doch nicht spielen, das ist doch ein gebildeter Mann.

Tochter: Meine Lehrerin meinte auch eher, ob du nicht seine Tonne spielen kannst.

Mutter: Na, so dick bin ich doch auch wieder nicht, oder?

Tochter: Das nicht, aber genauso hohl.

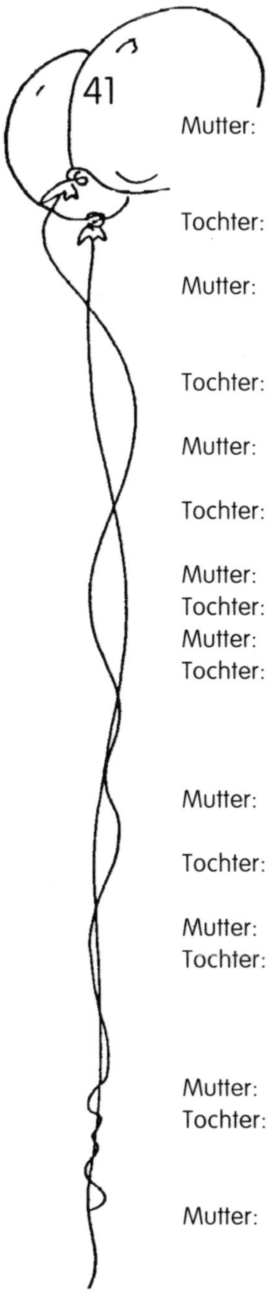

Mutter: Jetzt reicht es aber. Zur Strafe trägst du den Müll nachher raus. Warum sind denn eigentlich die Mülltonnen noch voll. War der Müllmann heute nicht da?

Tochter: Doch, aber ich habe ihn nicht reingelassen. Ich habe ihm gesagt: »Wir brauchen nichts.«

Mutter: Du bist wirklich unmöglich. Morgen nach der Schule gehst du einkaufen. Wir brauchen unbedingt Tomaten. Aber kaufe deutsche, hörst du, keine italienischen!

Tochter: Willst du die Tomaten essen oder dich mit ihnen unterhalten?

Mutter: Essen natürlich, aber die Italiener sind doch alle matschos. Die deutschen sind immer schön knackig.

Tochter: Außer Papa. Warum hat Papa eigentlich nur noch so wenig Haare?

Mutter: Weil ihm vom vielen Denken die Haare ausgefallen sind.

Tochter: Und warum hast du dann noch so viele?

Mutter: Jetzt sei endlich still.

Tochter: Stell dir mal vor, wir haben jetzt in der Schule einen neuen Religionslehrer. Es ist derselbe Geistliche, der mich damals getauft hat. Er meinte, so ein ruhiges und braves Taufkind hätte er noch nie gehabt.

Mutter: Wir haben ja auch vorher eine Woche lang mit der Gießkanne geübt. Hast du heute schon Hasso rausgelassen?

Tochter: Na klar, Mama, aber er hat in letzter Zeit so eine komische Angewohnheit. Er jagt hinter jedem Auto her.

Mutter: Na gut, aber das machen doch viele Hunde.

Tochter: Schon, aber Hasso hat schon drei davon im Garten vergraben. Aber einer muß ja mit ihm Gassi gehen. Peter weint schon den ganzen Tag, weil ihn sein Lehrer getadelt hat.

Mutter: Was hat denn dein Bruder nun wieder ausgefressen?

Tochter: Ich glaube, der Lehrer hat ihn nur gefragt, wer »Die Jungfrau von Orleans« geschrieben hat. Und da hat er geantwortet: »Ich nicht, Herr Lehrer!«

Mutter: Also, dein Bruder stellt ja viel an, aber gelogen hat er noch nie. Vielleicht hat er sie ja wirklich nicht geschrieben? Hat er eigentlich noch diesen netten Biologielehrer?

Tochter: Nee, der ist doch vor zwei Wochen vom Blitz getroffen worden und war sofort tot.

Mutter: Ach, der hat beim letzten Elternabend schon so schlecht ausgesehen. Denk übrigens daran, daß ihr morgen in der Schule geimpft werdet. Also wasch dir deinen Arm anständig.

Tochter: Rechts oder links?
Übrigens hat mir der Nachbarsjunge erzählt, sein Vater hätte ihm gestern erzählt, wo die kleinen Kinder herkommen. Er hat ihm gesagt, seine neue Schwester wäre vom Storch gebracht worden.

Mutter: Und was hat er daraufhin geantwortet?

Tochter: Na, was schon? »Jetzt laufen hier in der Stadt so geile Weiber rum, und mein Vater treibt's mit 'nem Storch!«
Mami, ist dem sein Vater deshalb ein Bigamist?

Mutter: Wie kommst du denn darauf? Ein Bigamist ist ein Mann, der freiwillig doppelt soviel Geschirr abwäscht wie dein Vater.

Tochter: Woher soll ich das denn wissen? Wir haben in der Schule gelernt, daß das männliche Gehirn viel größer ist als das weibliche.

Mutter: Da siehst du mal, daß es nicht auf Quantität ankommt.

Tochter: Papa war heute vor dem Angeln noch beim Arzt.

Mutter: O Gott, warum denn das, ist er etwa krank?

Tochter: Nein, es ist nur, weil er doch so viel Geld beim Pferdewetten gewonnen hat. Schon drei Wochen hintereinander hat Peter nachts im Traum die richtigen Zahlen vor sich hin gemurmelt. Heute nacht ist er wieder zu ihm ans Bett gegangen. Da hat Peter im Traum geflüstert: »Morgen stirbt mein Vati, morgen stirbt mein Vati!« Aber der Arzt hat gesagt, er wäre kerngesund!

Mutter: Oh je, dann glaube ich fast, wir bekommen morgen einen neuen Briefträger.

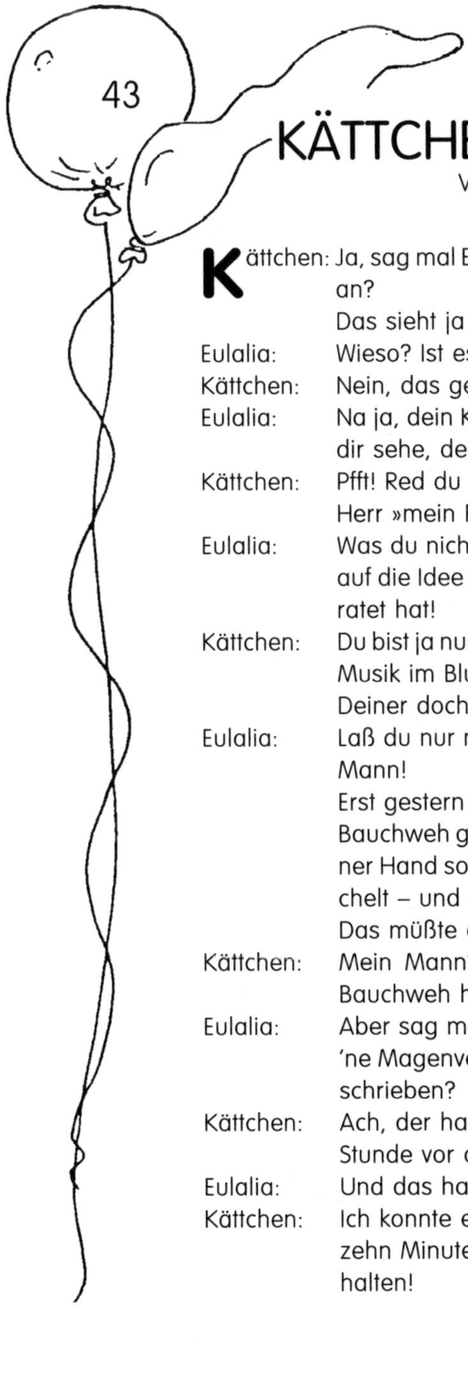

KÄTTCHEN UND EULALIA

VON ANNE ZENNER

Kättchen: Ja, sag mal Eulalia, was hast du denn heute für ein Kleid an?
Das sieht ja aus wie Wasser!

Eulalia: Wieso? Ist es denn so durchsichtig?

Kättchen: Nein, das gerade nicht, aber so geschmacklos!

Eulalia: Na ja, dein Kleid ist ja auch reizend. Je öfter ich das an dir sehe, desto besser gefällt es mir!

Kättchen: Pfft! Red du nur, zu mir hat jedenfalls vorhin ein feiner Herr »mein Fräulein« gesagt!

Eulalia: Was du nicht sagst. Aber wie soll der gute Mann auch auf die Idee kommen, daß dich überhaupt einer geheiratet hat!

Kättchen: Du bist ja nur neidisch! Mein Mann hat doch wenigstens Musik im Blut!
Deiner doch allenfalls nur einen Trauermarsch!

Eulalia: Laß du nur meinen Mann in Ruh! Ich hab' einen guten Mann!
Erst gestern Abend – als ich auf einmal so schrecklich Bauchweh gekriegt hab', da hat mein Mann mir mit seiner Hand so fünf bis sechs Mal über den Bauch gestreichelt – und dann war das Bauchweh weg!
Das müßte dein Mann auch machen!

Kättchen: Mein Mann?? – Der weiß doch gar nicht, wann du Bauchweh hast!

Eulalia: Aber sag mal, Kättchen. Du hattest neulich doch auch 'ne Magenverstimmung. Was hat dir denn der Arzt verschrieben?

Kättchen: Ach, der hat mir verordnet: »Trinken Sie morgens eine Stunde vor dem Frühstück warmes Wasser.«

Eulalia: Und das hat auch geholfen?

Kättchen: Ich konnte es nicht richtig anwenden, denn länger als zehn Minuten hab ich das Wassertrinken nicht ausgehalten!

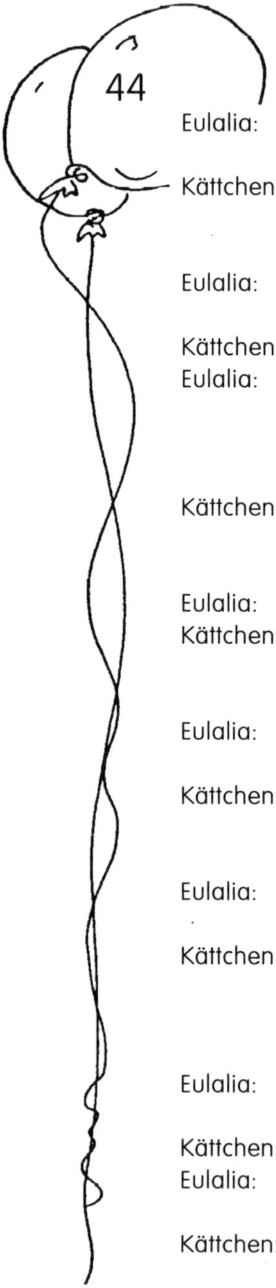

Eulalia: Hör mal, wie geht es eigentlich der Josefa, jetzt wo doch ihr Mann gestorben ist?

Kättchen: Oh, der geht es gut. Der geht es sogar sehr gut! Stell dir vor, die hat zu ihrer Rente noch 100.000,– DM von der Lebensversicherung bezahlt gekriegt!

Eulalia: (weinerlich) Oh, oh, was bin ich doch für ein Unglücksmensch!

Kättchen: Aber Eulalia! Wieso denn?

Eulalia: Ja, weißt du, mein Mann ist doch genauso hoch versichert. Und der wäre letzte Woche auch beinahe überfahren worden. Aber der Depp ist im letzten Moment noch zur Seite gesprungen!

Kättchen: Ich sag' ja immer: Auf die Männer ist kein Verlaß!
Hab' ich doch jetzt endlich herausgekriegt, wo meiner immer das viele Geld her hat!

Eulalia: Sag bloß, der hat heimlich im Lotto gewonnen!?

Kättchen: Nein, aber stell dir vor: Ich geb dem jeden Morgen 2,40 DM, um mit dem Bus zu fahren – und der Schlawiner geht zu Fuß!

Eulalia: Kättchen, wie geht es denn deiner Schwiegermutter, man sieht ja die alte Dame überhaupt nicht mehr.

Kättchen: Oh, die war schlimm krank, die hatte es so schlimm am Herz, daß der Arzt ihr ganz streng das Treppensteigen verboten hatte!

Eulalia: Ach, die arme Frau! Was macht sie denn jetzt, sie wohnt doch im ersten Stock?!

Kättchen: Es ist ja schon wieder besser. Seit gestern hat der Arzt sie gesund geschrieben, und da braucht sie nicht mehr über die Dachrinne hochzuklettern und durchs Badezimmerfenster in die Wohnung zu steigen!

Eulalia: Ja, aber sag, ist deine älteste Tochter auch krank, die sieht man ja auch nicht mehr in der Stadt?

Kättchen: Oh! Unser Lisbeth lebt doch jetzt in Spanien!

Eulalia: So! In Spanien – was macht euer Lisbeth denn dort. Da wollen sie einem doch ständig gute Dias verkaufen!

Kättchen: Ach was, »Buenos dias« heißt doch »Guten Tag«.
Ei, die Lisbeth ist doch mit 'nem jungen Spanier verlobt! Hast du das denn nicht gewußt!?

Eulalia: Das ist das Neueste, was ich höre. Dann ist ja sicher bestimmt auch bald Hochzeit!?

Kättchen: Nein, nein – die beiden warten lieber noch ein bißchen, bis der Peseta besser steht!

Eulalia: Was?? Bei so 'nem jungen Mann!? – Läßt sich denn nichts dagegen tun?

Kättchen: Sag mal, was macht denn eigentlich deine Tochter? Die muß doch jetzt bald Geburtstag haben.

Eulalia: Ja, die ist letzte Woche zehn geworden, und stell dir mal vor, was die sich gewünscht hat: »Mama«, hat sie gesagt, »du brauchst mir nur ein Paket Tampax zu schenken!«

Kättchen: Ja, was will die denn damit, das ist doch kein Geschenk!

Eulalia: Ich hab' genau so wie du jetzt geguckt und gefragt, ja, was willst du denn damit? Da hat sie mir erklärt: In den Illustrierten steht doch: »Mit Tampax kann man segeln, reiten, Tennisspielen und Schwimmen!« – Und das will sie auch alles können!

Kättchen: Ach, die lieben Kinder! Wir sind ja so stolz auf unsern Sohn!

Eulalia: Gib doch nicht so an.

Kättchen: Tu' ich ja gar nicht – aber ein Genie ist unser Uwe trotzdem!

Eulalia: Wieso das denn?

Kättchen: Ja, der hat doch neulich beim Bäcker Gierten seine Gesellenprüfung gemacht.

Eulalia: Ja, aber dafür braucht man doch kein Genie zu sein!

Kättchen: Unser Uwe ist aber ein Genie! – Stell dir vor, haben die doch in der Prüfung von ihm verlangt, daß er auf eine Geburtstagstorte »Herzlichen Glückwunsch« schreiben soll!

Eulalia: Ja, und??

Kättchen: Ei, unsern Uwe war der einzige, der nur drei Stunden gebraucht hat, bis er die Torte in der Schreibmaschine hatte!

Eulalia: Oh, da war sein Meister aber bestimmt froh mit eurem Sohn und hat ihn als Geselle behalten?!

Kättchen: Denkste! – Rausgeworfen hat er ihn!

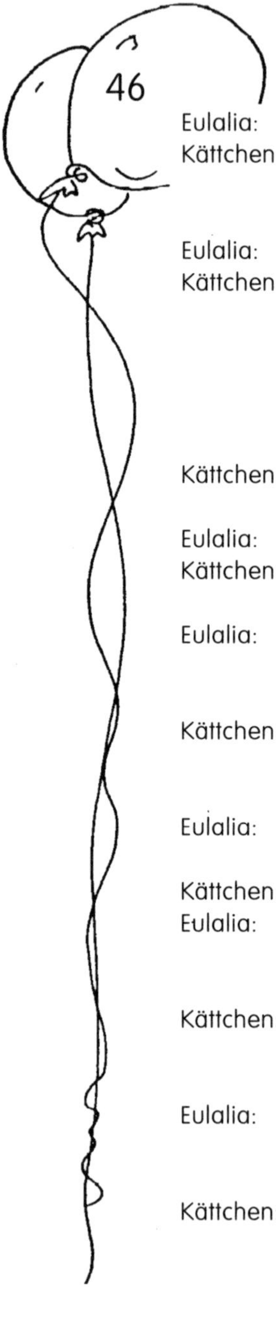

Eulalia: Nein, das darf doch nicht wahr sein. Das gibt es nicht!

Kättchen: Ja, das war unverschämt. Und nur, weil unsern Uwe einmal hat wollen was machen, was der Meister immer macht!

Eulalia: Und was war das?

Kättchen: Ei, der Uwe hat mal gesehen, wie sein Chef mit den Füßen im Teig rumgestampft ist, und da hat er gefragt, warum der Chef das so macht. Und da hatte der gesagt, so würde er den Käsekuchen machen.
Und am anderen Tag, da hat er unseren Uwe rausgeworfen! Und nur, weil der Biskuitteig gemacht hat!

Kättchen: Du, Eulalia, stimmt es, daß ihr jetzt eine Tankstelle gepachtet habt?

Eulalia: Ja, warum fragst du? Wir haben eine BP!

Kättchen: Ich hab heut in der Bildzeitung gelesen, daß die Benzinlieferanten alle ihre Tankstellenpächter adeln wollen!

Eulalia: Siehst du, ich habe es schon immer gewußt, wir sind zu was Höherem berufen! Aber wieso lachst du denn jetzt so gemein?

Kättchen: Weil in der Zeitung steht: die Araltankstellen nennen sich ab sofort »Aralisten«, die Shelltankstellen »Shellisten« – und ihr habt doch eine »BP-Tankstelle«!

Eulalia: Apropos Auto. Dein Mann könnte sein Auto ja auch mal neu lackieren lassen!

Kättchen: Wieso, der hat das doch erst neu gespritzt!

Eulalia: Das kann doch nicht sein. Bei eurem Auto ist doch die eine Seite schwarz und die andere rot!? Das versteh' ich nicht.

Kättchen: Ja! Mein Ottokar ist schon ein cleverer Bursche. Du hättest mal bei unserem letzten Unfall dabei sein sollen. Was haben sich da die Zeugen widersprochen!

Eulalia: Kättchen, weißt du, was ich auch nicht versteh'? Die Müllers sind doch jetzt schon zehn Jahre verheiratet. Wieso haben die noch keine Kinder?

Kättchen: Das ist doch leicht zu erklären: Er hat doch so hohen Zucker, und sie hat zu viel Eiweiß, alles, was die zustande bringen würden, das wären doch nur Baisers!

Eulalia: Ach, jetzt fällt mir erst ein: Ihr wart doch neulich auf verspäteter Hochzeitsreise. Wie war es denn so in Rom?

Kättchen: Oh, das war ganz toll. Ich sag dir, bei denen in Rom ist wirklich, aber auch wirklich alles heilig!

Eulalia: Sag bloß!

Kättchen: Ja, denk dir, die sagen z.B. nicht wie wir (leiser, hinter vorgehaltener Hand) »Scheiße!«, in Rom heißt das »Heiliger Stuhl!«.

Eulalia: Du, während ihr fort wart, ist was Schreckliches passiert!

Kättchen: O Gott, schieß los!

Eulalia: Stell dir vor, mein Egon ist Spiritist geworden – ist das nicht fürchterlich?!

Kättchen: Aber Eulalia, so beruhige dich doch, das ist doch gar nicht so schlimm! Mein Ottokar trinkt auch!

Eulalia: Sag, Kättchen, hast du gewußt, daß der Elferrat mitsamt Präsident auch bellen kann?

Kättchen: Mach kein Witze!

Eulalia: Nein, Tatsache, paß mal auf: »Herr Präsident, meine Herren! Für Sie alle gibt es heute Freibier!«

Elferrat: »Woau, woau, woau!«

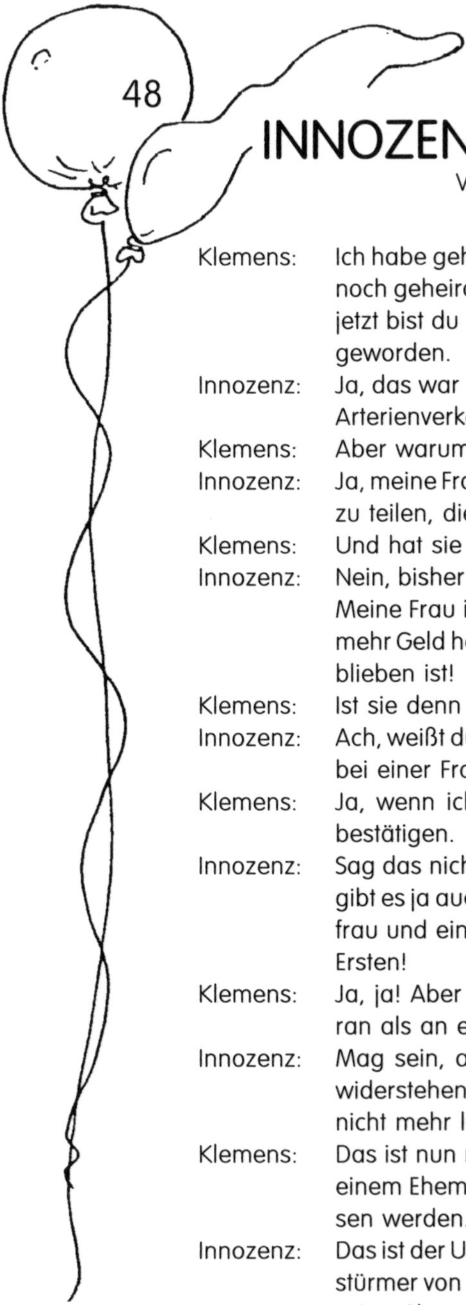

INNOZENZ UND KLEMENS

VON GERD HINDERS

Klemens: Ich habe gehört, Innozenz, du hast auf deine alten Tage noch geheiratet. Du bist ja schon ein kluger Mann, aber jetzt bist du sicher noch um einige Erfahrungen reicher geworden.

Innozenz: Ja, das war das Frühlingserwachen in der Blüte meiner Arterienverkalkung.

Klemens: Aber warum hast du das denn überhaupt getan?

Innozenz: Ja, meine Frau hatte mir versprochen, alle Sorgen mit mir zu teilen, die ich als Junggeselle gar nicht hatte.

Klemens: Und hat sie das getan?

Innozenz: Nein, bisher hat sie nur mein Vermögen mit mir geteilt! Meine Frau ist wie ein Entwicklungsland: Sie will immer mehr Geld haben – und hinterher weiß keiner, wo es geblieben ist!

Klemens: Ist sie denn hübsch?

Innozenz: Ach, weißt du: Anatomie ist ja etwas, das jeder hat. Aber bei einer Frau sieht es halt besser aus!

Klemens: Ja, wenn ich mir dich so angucke, kann ich das nur bestätigen.

Innozenz: Sag das nicht. Sie fand mich unwiderstehlich! – Zudem gibt es ja auch keinen Unterschied zwischen einer Jungfrau und einer Hausfrau: beide sehnen sich nach dem Ersten!

Klemens: Ja, ja! Aber an einen runden (Bier-) Tisch gehen mehr ran als an ein altes Fräulein.

Innozenz: Mag sein, aber sie war wie Ölfarbe: Ich konnte nicht widerstehen, sie zu berühren, und dann wurde ich sie nicht mehr los.

Klemens: Das ist nun mal so: Ein Sträfling kann im Gegensatz zu einem Ehemann vorzeitig wegen guter Führung entlassen werden.

Innozenz: Das ist der Unterschied zwischen Casanova, dem Mittelstürmer von Bayern München und mir: Casanova nutzte seine Chance!

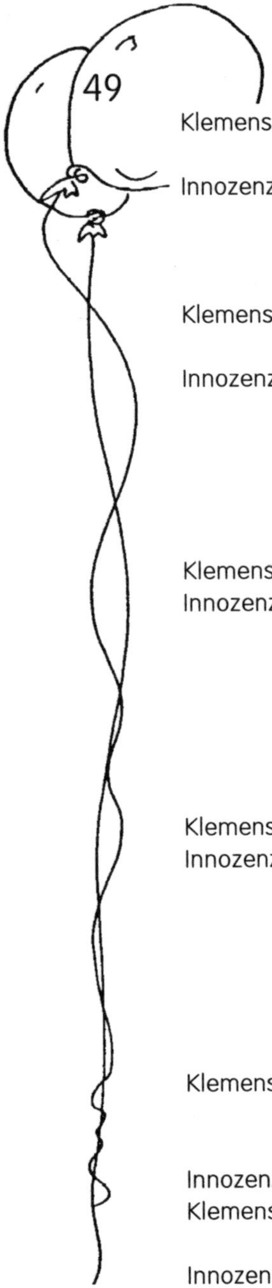

Klemens: Das glaube ich schon. Männer leben ja auch viel schneller. Frauen brauchen viel länger, um vierzig zu werden.

Innozenz: Und dann hat sie auch noch die Schwiegermutter mit ins Haus gebracht! Die ist wie ein Krokodil: Die kümmert sich um jeden Dreck und will sich immer zwischen uns festbeißen.

Klemens: Du Armer! Aber Schwiegermütter stehen im Gegensatz zu Krokodilen unter Naturschutz!

Innozenz: Ich weiß. Aber ich bin ja Optimist. Ich halte ihre Sprechpausen für Ermüdungserscheinungen. Ich kann jetzt nur zu gut verstehen, warum der Adventskalender von einem Ehemann erfunden worden ist: Er wollte auch einmal vier Wochen lang täglich die Klappe aufmachen! Ich gehe ja in so einem Falle immer in die Kneipe.

Klemens: Und was hast du da gemacht?

Innozenz: Ich warf eine Runde nach der anderen und rief: »Schnaps für alle!« Weil ich so meinen Gemeinschaftsgeist bewies, nannte mich der Wirt eine Schnapsdrossel und Blaumeise. Aber ich nahm ihm das nicht übel. Besser Weingeist als gar kein Geist!
Wir führten dementsprechend geistreiche Thekengespräche und stellten uns gegenseitig Rätsel!

Klemens: Was denn zum Beispiel?

Innozenz: Der Wirt wollte gerade schon sagen »Ade-Bar« und »Halo-gen«, obwohl noch keine Polizeistunde war, darum fragte ich ihn: »Kannst du mir sagen, warum die Uhren der Bundesbahn so pünktlich gehen?«, aber er wußte es nicht.
Ich sagte: »Na, das ist doch klar: weil jeder Bahnhof sein eigenes Stellwerk hat!«

Klemens: Oh, dann stelle ich dir auch mal eine Frage. »Warum heiraten Igelmädchen keine Bären? Na, weil ihre Kinder dann wie Stachelbeeren aussehen würden!«

Innozenz: Und wie prüft man ein künstliches Gebiß?

Klemens: Oh, das kenn' ich: Man sagt »Pfusch«, und wenn es hält, dann war es keins!

Innozenz: Aber das rätst du nicht: »Was sagt der Frankfurter, der seinen Collie zum Tierarzt bringt? Heile Se Lassy!«

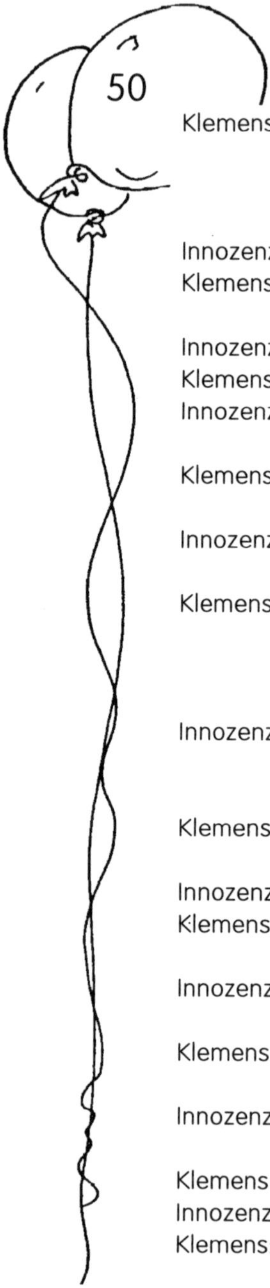

Klemens: Wo wir gerade bei Tieren sind:
Weißt du eigentlich, wie man sich am besten verhält, wenn einem auf der Straße ein Elefant begegnet, der eine Sonnenbrille trägt?

Innozenz: Nein, wie denn?

Klemens: Am besten, du beachtest den Elefanten gar nicht. Er möchte nämlich inkognito bleiben.

Innozenz: Aber warum haben Elefanten rote Augen?

Klemens: Weiß ich nicht.

Innozenz: Damit sie sich besser im Kirschbaum verstecken können.

Klemens: Aber ich habe noch nie einen Elefanten im Kirschbaum gesehen.

Innozenz: Da kannst du mal sehen, wie gut sie sich verstecken können.

Klemens: Weißt du denn, warum der Elefant blaue Socken trägt? Weil seine roten naß sind.
Und warum schwimmt der Elefant dann auf dem Rücken? Damit die blauen nicht auch noch naß werden!

Innozenz: Ja, Elefanten sind ziemlich groß, und man hat oft Probleme mit ihnen. Warum aber sind Elefanten grau? Nun, Grau macht schlank!

Klemens: Dann will ich dich auch noch etwas fragen: Wie bekommt man einen Elefanten in einen Kühlschrank?

Innozenz: Ganz einfach: Tür auf, Elefant rein, Tür zu!

Klemens: Aber weißt du auch, wie man eine Maus in den Kühlschrank kriegt? Tür auf, Elefant raus, Maus rein, Tür zu!

Innozenz: Aber woran erkennt man, daß ein Elefant im Kühlschrank war? An den Fußstapfen in der Butter!

Klemens: Und woran merkst du, daß du eine Elefantenkuh in der Tasche hast?

Innozenz: Das ist doch ganz einfach: Wenn dir ein Elefantenbulle nachläuft!

Klemens: Was trinkt denn ein Elefant am Rhein?

Innozenz: Natürlich Rüsselsheimer!

Klemens: Nun, wenn du so schlau und schlagfertig bist, dann nenne mir doch mal einen Satz mit »Soll und Haben« und »Immerhin«.

Innozenz: Da kann man nur eine Geschichte draus machen: »Die Lehrerin soll etwas mit dem Rektor haben. Die Frau ist dagegen, aber er geht immer hin!«

Klemens: Dann sag du noch mal einen Satz mit »Mittelalter«.

Innozenz: Was nimmst du für ein Mittel, Alter?

Klemens: Dann bilde du noch mal einen Satz mit »Opa« und »Oma«.

Innozenz: Kann ich nicht!

Klemens: Ob papier om A bee eß?

Innozenz: Kennst du auch einen Satz mit »Bagdad«?

Klemens: Pack dat in den Koffer!

Innozenz: Nun, dann mußt du aber auch einen Satz mit »Teheran« sagen.

Klemens: Hol bitte den Tee heran!

Innozenz: Dann sag du einen Satz mit »Leningrad«.

Klemens: Da kam Lenin grad.

Innozenz: Dir scheint das Bier hier an der Theke besonders gut zu schmecken. Du solltest jetzt aber doch bald nach Hause gehen! Wenn ich dich so sehe, dann sag ich für dich schnell noch einen Satz mit »Badenweiler«. »Er müßte baden, weil er so schmutzig ist!«

Klemens: Mensch, hast du einen fiesen Charakter! Dann sage ich dir als Antwort einen Satz mit »Mandat«. »Mann, dat haut mich um!«

Innozenz: Schön, aber jetzt noch einen Satz mit »Wannsee«.

Klemens: Wann seh' ich dich wieder?

Innozenz: Da kann ich nur mit einem Satz mit »komisch« antworten: »Komm' ich heut nicht, komm' ich morgen!«

Klemens: Ja, dann »Auf Wiedersehen!«
Helau!

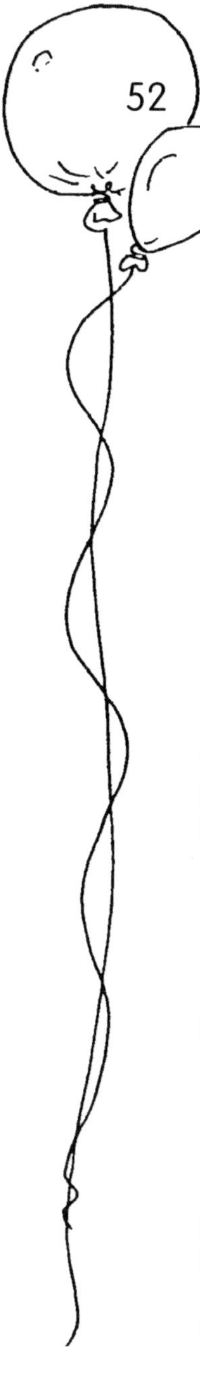

FRIEDRICH UND FRIEDHELM

VON OLIVER BECK

Friedrich: Hallo, Friedhelm! Ich habe dich ja schon ewig nicht mehr gesehen. Erzähl mir doch mal, wo du gesteckt hast.

Friedhelm: Ach, hör bloß auf. Ich war doch im Schwarzwald auf einer Beauty-Farm. Meine Frau war da doch letzten Sommer, und wegen der Gleichberechtigung war ich jetzt dran.

Friedrich: Ja und, wie war's? Man sieht ja gar nichts!

Friedhelm: Die haben mich ja auch nicht dran genommen. Dabei wollte ich doch alles Häßliche aus meinem Gesicht entfernen lassen. Aber der Arzt dort meinte, Enthauptungen wären nicht mehr erlaubt.

Friedrich: Ich hab' ja auch so einen Kummer. Meine Frau hat doch zwei unterschiedlich lange Beine, weshalb sie ja auch hinkt. Da hab' ich gestern mal meinen Arzt gefragt, was er denn an Stelle meiner Frau machen würde.

Friedhelm: Ja und, was hat er gesagt?

Friedrich: Er meint, er würde dann auch hinken.

Friedhelm: Komische Käuze, diese Mediziner – und so unsensibel. Grad letztens war mein Arbeitskollege bei einem, der hat nach der Untersuchung so merkwürdig geguckt. Da hat ihn mein Kollege gefragt: »Herr Doktor, habe ich eine seltene Krankheit?« »Ach was«, hat der geantwortet, »die Friedhöfe sind voll davon!«

Friedrich: Ei sowas! Die müßten mal einen Kurs in Püschologie machen. Ich war ja auch letztens bei so einem Püschologen. Der fragte mich: »Betrügen Sie Ihre Frau?« »Blöde Frage«, hab' ich da geantwortet, »wen denn sonst?« Schließlich hat er gemeint, ich solle mal ausspannen. Na, da habe ich ihm seine Frau ausgespannt.

Friedhelm: Wie, du bist nicht mehr mit deiner Alten zusammen?

Friedrich: Na klar, oder kannst du alleine auf deinem dritten Bein stehen?

Friedhelm: Prahlhans! Hör lieber auf, mit deinen Weibergeschichten anzugeben. Du bist entlarvt: Gestern traf ich deine

Ex-Frau, die hatte einen Pulli mit einem riesigen »J« drauf an. Da hab ich sie gefragt, was denn der Buchstabe »J« bedeuten soll. »Jungfrau«, hat sie gesagt.

Friedrich: Wenn du wüßtest, wie alt der Pulli ist! Den wollte ihr schon mal ein Antiquitätenhändler abkaufen. Der Pulli war schon nicht mehr up-to-date, als noch das Preisschild dran war! Aber laß gut sein – meine heutige Frau ist so schön wie ein Gemälde!

Friedhelm: Und wann hängst du sie auf?

Friedrich: Übrigens gehe ich heute abend mit meinem Neffen in den Zirkus.

Friedhelm: Ach komm, alter Hut, stinklangweilig!

Friedrich: Ich bin halt ein netter Kerl. Er kam zu mir und hat erzählt, im Zirkus würde eine nackte Frau auf einem Tiger reiten. Und ich habe ja schon so lange keinen Tiger mehr gesehen.

Friedhelm: Ist dein Bruder nicht gestern mit den siamesischen Zwillingen ausgegangen? Sag mal, hat der alte Casanova mit ihnen...?

Friedrich: Ja und nein!
Aber der hat ganz andere Probleme. Der hat drei Vaterschaftsklagen am Hals. Jetzt war gerade Verhandlung. Hat ihn der Richter gefragt: »Wir haben hier Anzeigen von einer Simone in Köln, einer Silke in Hamburg und einer Karin in Berlin. Alle lauten auf den gleichen Tag. Wie haben Sie das denn gemacht?« Und was hat der freche Hund geantwortet: »Ich hab' halt 'ne Kawasaki!«

Friedhelm: Der macht's richtig mit seinem Motorrad. Mit der Bundesbahn kann man ja auch nicht mehr ruhigen Gewissens fahren.

Friedrich: Wieso denn das, haste etwa sehr lange auf einen Zug warten müssen?

Friedhelm: Wenn's das nur wäre. Stell dir vor, ich habe gelesen, daß die Bundesbahn jedes Jahr fünf Prozent ihrer Fahrgäste verliert!

Friedrich: Ja, ja, mein Schwager hatte auch so ein bahnbrechendes Erlebnis. Der hat im Zugabteil seinem Gegenüber in den Schoß gekotzt.

Friedhelm: Man fährt ja auch nicht in angetrunkenem Zustand. Wohnt der Sohn deiner Schwester eigentlich immer noch in dem Haus gegenüber dem Gefängnis?

Friedrich: Nee, der wohnt jetzt gegenüber.
Dabei hatte er doch grade erst geheiratet.

Friedhelm: Ach, stimmt, der hatte sich doch mit der blonden Claudia verlobt!

Friedrich: Ja, ja, aber die hat er nicht geheiratet. Die hat er verlassen, als er zum ersten Mal die Rechnung ihrer Schneiderin gesehen hat.

Friedhelm: Ja, und wen hat er dann geheiratet?

Friedrich: Na, die Schneiderin!
Und der war er auch bis zuletzt treu. Als er in Hamburg über die Reeperbahn lief, wurde er von einer dunkelhäutigen Schönheit angesprochen: »Na, junger Mann, kommste mit mir nach Hause?«

Friedhelm: Sag bloß, er ist nicht mitgekommen?

Friedrich: Nee, was soll er auch in Afrika?
Hast du eigentlich schon die Geschichte von unserem Nachbarskind gehört? Der war mit seinem Opa auf dem Spielplatz. Beide stehen auf der Rutsche. Der Kleine rutscht zuerst und kann gerade noch einem spitzen, langen Nagel ausweichen. Er will den Opa warnen, aber der rutscht schon.

Friedrich: Oje, wie geht es denn dem Opa jetzt?

Friedhelm: »Oma«, mußt du jetzt sagen, »Oma«!

Friedrich: Was erzählst du mir denn heute andauernd für traurige Geschichten. Hast du denn nichts Lustiges auf Lager?

Friedhelm: Ach was, meine Stimmung ist halt auf dem Tiefpunkt. Meine Frau will sich vielleicht auch von mir scheiden lassen.

Friedrich: Komm, mach kein' Scheiß', wieso denn das?

Friedhelm: Ich kann es auch nicht verstehen. Ich war doch so nett zu ihr. Ich habe ihr sogar jeden Morgen den Kaffee ans Bett gebracht. Sie brauchte ihn nur noch zu mahlen.

Friedrich: Die Frauen sind nun mal unergründlich. Meine hat morgen Geburtstag.

Friedhelm: Und, wie alt wird sie denn?

Friedrich: Na, so alt wie immer! Und ich weiß immer noch nicht, was ich ihr schenken könnte.

Friedhelm: Schenk ihr doch einen Lippenstift. Den kann sie dir Stück für Stück zurückgeben.

Friedrich: Apropos Frauen. Letzte Woche fragte mich so eine Oma, wie sie auf dem schnellsten Wege zum Nordfriedhof käme. Da hab ich sie vor den Bus geschmissen.

Friedhelm: Du bist ja noch brutaler als ich. Mir hat letztens so ein Graphologe aus meiner Handschrift gelesen. Er sagte, ich sei extrem gewalttätig.

Friedrich: Was hast du dann gemacht?

Friedhelm: Ich hab ihm eine gescheuert, daß es nur so krachte! Jetzt soll ich meine Nerven beruhigen und in Kur fahren. Nächste Woche geht es los. Wird das schön, morgens im Bett zu liegen und nach dem Diener zu klingeln – und alles auf Kosten der Krankenkasse.

Friedrich: Wie? Die Krankenkasse bezahlt alles, und du hast sogar einen Diener?

Friedhelm: Einen Diener nicht, aber 'ne Klingel!
Dir ergeht es ja nicht so gut. Ich habe gehört, deine Schwiegermutter kommt euch besuchen. Wie lange bleibt sie denn?

Friedrich: Sie meinte am Telefon, bis sie uns lästig wird.

Friedhelm: Ach, nur so kurz?

Friedrich: Lange genug, schließlich will ich bald für ein paar Tage aufs Land fahren. Da ist das Bier nämlich noch zehn Pfennig billiger.

Friedhelm: Mensch, bist du beknackt. Du mußt doch die Fahrtkosten mitrechnen.

Friedrich: Ich weiß doch. Aber glaub mir, ich trinke so lange, bis ich Profit mache.

Friedhelm: Da fällt mir ein: Hast du schon zu Abend gegessen?

Friedrich: Noch keinen Tropfen.

Friedhelm: Na, dann laß uns doch an die Bar gehen. Vielleicht finden wir dort ja mal Zeit, um uns ein wenig zu unterhalten.

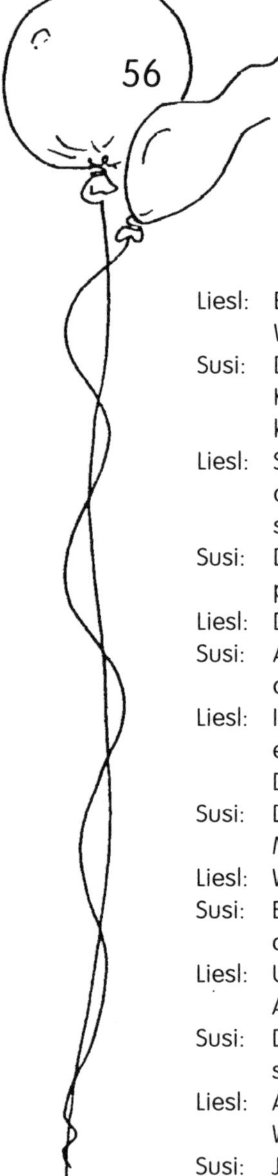

KOHLHIESELS TÖCHTER: SUSI UND LIESL

VON ANNE ZENNER

Liesl: Ein Zwilling kommt selten allein. Hallo, Schwesterchen! Warum guckst du denn so böse?

Susi: Du, wenn ich die Meiers sehe, der werde ich mal gehörig den Kopf waschen. Überall erzählt sie, daß ich mich stark schminken würde.

Liesl: Susi, daraus mußt du dir nichts machen. Denn sieh mal, wenn diese Schießbudenfigur von Meiers dein Gesicht hätte, würde sie sich bestimmt auch schminken!

Susi: Du Liesl, gestern war ich bei einer Wahrsagerin. Sie hat mir prophezeit, daß ich alt werde.

Liesl: Das hätte ich dir auch sagen können!

Susi: Apropos alt. Um ganz ehrlich zu sein, Liesl, dein Bräutigam ist auch nicht mehr der Jüngste!

Liesl: Ich weiß, Susi. Er hätte im Alter viel besser zu dir gepaßt! Aber ehrlich, Susi, du mußt unbedingt mehr für dein Äußeres tun. Denn mit Dummheit allein fesselt man keine Männer mehr!

Susi: Du mit deinen ewigen Ratschlägen! Wo ich schon immer in Milch bade.

Liesl: Was? Wieso badest du denn in Milch?

Susi: Blöde Frage, weil ich keine Kuh finde, die so groß ist, daß ich duschen kann!

Liesl: Und dann – wie du immer angezogen bist?!
Auch deine Schuhe und Strümpfe sind vorne ja ganz kaputt!

Susi: Da kann ich nix für. Meine Hühneraugen haben halt so einen stechenden Blick!

Liesl: Außerdem hab' ich dir doch eine Schneiderin empfohlen. Warst du schon da, bist du mit ihr zufrieden?

Susi: Ja – doch!

Liesl: Was ist? Bist du nicht mit ihr zufrieden?

Susi: Doch, doch, so halb und halb. Schneidern kann sie ja, das muß man ihr lassen. – Aber die Lesewut dieser Frau hängt mir allmählich zum Hals raus.

Liesl: Lesewut?

Susi: Na ja, jetzt hat sie mir schon fünf Briefe geschrieben, und jeder beginnt mit den Worten: »Bei Durchsicht meiner Bücher...«

Liesl: Susi, würdest du auch einen Mann heiraten, der dir geistig unterlegen ist?

Susi: Wieso, weißt du einen für mich?

Liesl: Nein, das nicht, aber...

Susi: Schade! Aber damit du es weißt, ich heirate sowieso nur einen Mann, der Sinn für Humor hat!

Liesl: Da hast du Recht, denn den wird er bei dir auch brauchen!

Susi: Also, der Mann, den ich mal heirate, muß ein Held sein, so ein richtiger Held, der weder Tod noch Teufel fürchtet!

Liesl: Jetzt übertreibst du aber. Sooo schlimm bist du ja nun auch wieder nicht!

Du, ich hab' neulich einem berühmten Maler Modell gestanden. Kleopatra und die Schlange hieß das Bild.

Susi: Ha, das paßt zu dir. Aber wer war denn die Kleopatra?!

Liesl: Ich hab' gehört, du warst auf Urlaubsreise?

Susi: Stimmt! Ich war in Frankreich. Stell dir vor, da habe ich einen netten Masseur kennengelernt.

Liesl: Susi, das heißt nicht Masseur, sondern Monsieur! Ein Masseur ist ein Mann, der einen drückt, reibt, preßt und klopft!

Susi: Na also, genau wie ich sagte! – Ich lernte einen Masseur kennen. Du, der hatte mich in seine Wohnung mitgenommen.

Liesl: Aber Susi!

Susi: Er öffnete seinen Kleiderschrank. Da hing ein Nerzmantel drin. Du – den hat er mir geschenkt!

Liesl: Susi, Susi! Was hast du gemacht?

Susi: Ach, ich brauchte nur die Ärmel kürzer zu machen!

Liesl: Hat dein Monsieur auch gesagt, daß er dich liebt?

Susi: Aber ja doch. Er sagte, sein Herz brenne so heiß für mich, daß die Zigarre in seiner Tasche davon zu glühen beginne.

Liesl: Das ist doch noch lange kein Beweis!

Susi: Kein Beweis? Er hat mir doch die abgebrannte Zigarre gezeigt! – Und er hat gesagt, daß ich interessant und schön und überhaupt vollkommen bin!

Liesl: Wie schrecklich! Susi, wie kannst du dich nur so einem Schwindler anvertrauen?!

Susi: Ach, du bist ja nur neidisch! Er hat auch gesagt, daß er mich platonisch liebt. – Ich weiß zwar nicht, was das heißt, aber auf jeden Fall werde ich mich jetzt immer ganz waschen!
Aber so, wie es mit mir steht, hab' ich ja doch kein Glück mit Männern. Jedesmal, wenn ich einen Mann aus Liebe heiraten will, gesteht er mir, daß er kein Geld hat.

Liesl: Übrigens, sag mal Susi. Wie kommst du eigentlich dazu, meinem Freund zu sagen, ich wäre eine dumme, blöde Gans?

Susi: Oh Verzeihung, ich wußte nicht, daß du diese Tatsache geheimhalten wolltest!

Liesl: Na ja, ist vergeben. Du weißt, ich brauche einem Mann sowieso nur in die Augen zu schauen – und schon ist er weg!

Susi: Tröste dich, Liesl, nicht alle Männer sind so unhöflich!
Aber sag, was macht dein neuer Freund eigentlich?

Liesl: Der? Der ist Vertreter in Unterwäsche!

Susi: Ach, der Ärmste! Kann er sich denn keinen Anzug leisten?

Liesl: Du Dussel! Selbstverständlich hat er Geld. Der hat so viel, daß er sechs Monate im Jahr auf Sylt verlebt, sechs Monate in Spanien und sechs Monate auf den Bahamas.

Susi: Moment mal!!! Das sind doch aber 18 Monate??!

Liesl: Da siehst du mal wieder, was man mit Geld alles machen kann!
Ach ja, ich hatte dir doch zu Weihnachten eine teure Kristallbowle geschickt. Hat sie dir gefallen? Hast du Freude damit?

Susi: Och ja, – ich hab' sie unters Bett gestellt.

Liesl: Aber Susi, sowas stellt man doch auf den Schrank!

Susi: Jetzt hör aber mit deinem vornehmen neumodischen Quatsch auf. Oder glaubst du vielleicht, ich würde nachts auf den Schrank klettern?

Liesl: Oh Susi, wo soll das mit dir noch hinführen? Ich glaub', ich schenk' dir mal 'n Brockhaus.

Susi: Kannst du dir sparen, du weißt genau, daß ich dafür kein Grundstück habe!

Liesl: *Ich* war letzte Woche in Saarbrücken und hab' mir Tannhäuser angesehen.

Susi: Sag bloß, du willst bauen?

Liesl: Ich geb's auf mit dir. Aber sag mal, du hattest doch unser Elternhaus umgebaut. Hast du auch Hypotheken drauf?

Susi: Also, du immer mit deinen vornehmen Fürz'. Was soll ich mit Hypotheken auf dem Dach, mir reichen einfache Ziegel!

Liesl: Also mir reicht es bald auch, aber mit dir. – Übrigens, du gehst doch bestimmt noch einkaufen?

Susi: Ja, warum?

Liesl: Würdest du mir dann bitte zwei Kilo Zitronen mitbringen?

Susi: Was willst du denn mit so viel Zitronen?

Liesl: Dumme Frage, essen natürlich.

Susi: Und warum ißt du so viele Zitronen?

Liesl: Tja, man muß was tun. Zitronen reinigen den Körper!

Susi: He? – Und ich Dappes bade jede Woche!

Liesl: Du, Susi, um auf unsere Rede von eben zurückzukommen, ich fahre nächsten Samstag nach Trier zu Figaros Hochzeit. Kommst du mit?

Susi: Nee, vielen Dank. Hab' schon was anderes vor. Aber ich geb' dir ein Geschenk für das junge Paar mit!

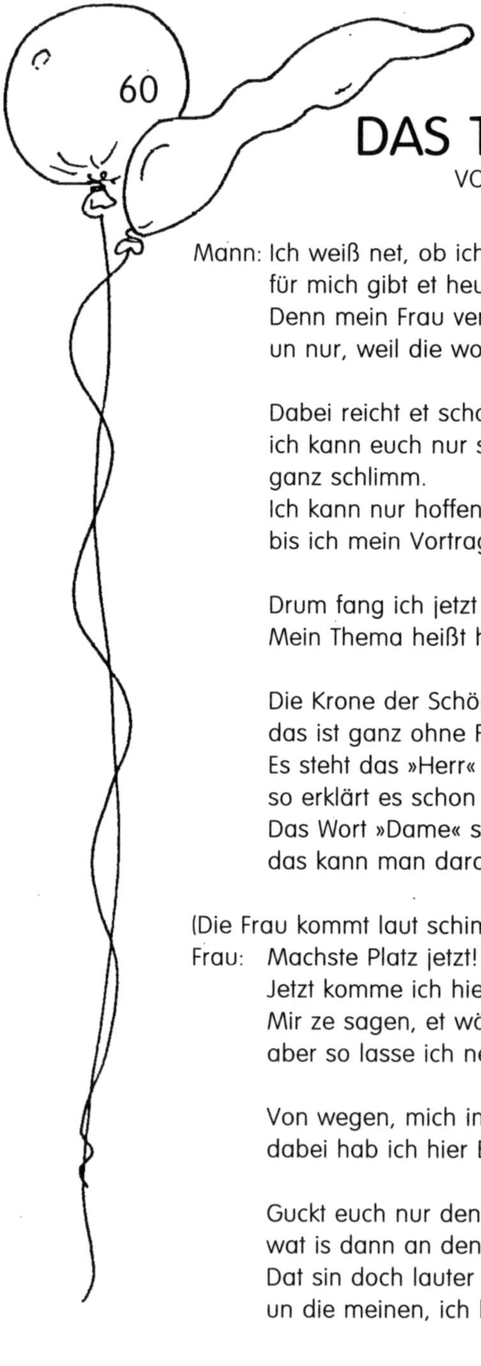

DAS TRAUMPAAR

VON ANNE ZENNER

Mann: Ich weiß net, ob ich mein Vortrag überhaupt soll machen,
für mich gibt et heut abend net mehr viel ze lachen.
Denn mein Frau verfolgt mich off Schritt und Tritt,
un nur, weil die wollt heut och in de Bütt.

Dabei reicht et schon, daß ich der ihr Vorträg kenn,
ich kann euch nur sagen, dat is bei der Frau damit
ganz schlimm.
Ich kann nur hoffen, daß se net kommt in de Saal,
bis ich mein Vortrag hier hab gehall.

Drum fang ich jetzt mit meiner Rede an.
Mein Thema heißt heute: »Der vollkommene Mann«.

Die Krone der Schöpfung – seht mich nur an –,
das ist ganz ohne Frage – der Mann!
Es steht das »Herr« für Herrlichkeit,
so erklärt es schon der Duden.
Das Wort »Dame« steht für Dämlichkeit,
das kann man daraus vermuten!

(Die Frau kommt laut schimpfend auf die Bühne.)

Frau: Machste Platz jetzt! – Du, du Herrlichkeit von Mann!
Jetzt komme ich hier dran!
Mir ze sagen, et wär kein Platz mehr in der Bütt,
aber so lasse ich net mit mir umgehen – so net!

Von wegen, mich im Programm zu unnerschlagen,
dabei hab ich hier Einiges zu sagen.

Guckt euch nur den Elferrat mal richtig an,
wat is dann an denen schon dran!
Dat sin doch lauter traurige Gestalten,
un die meinen, ich könnt hier kein Vortrag halten?

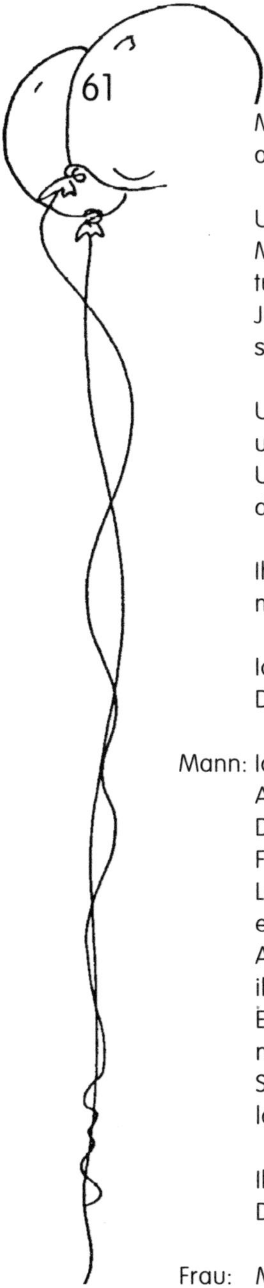

Mit Händ und Füß han se sich dagegengestellt,
als ich mich für die Bütt han angemeld.

Un du, du Obernarr –
Meinst, du wärst dat Nonplusultra von allen Dingen,
tust hier die große Rede schwingen!?
Ja, ma könnt meinen, de wärst schon besoff,
so reicht de dein groß Klapp nomo off!

Un dann die fresch Schness och noch wetzen,
un gegen uns arm Frauleut hetzen!
Un euch Männer tut dat och noch gefallen,
da sieht ma ma widder, wat ma von euch hat ze hallen!

Ihr meint wohl, ihr kämt von nem besseren Stern –
meint ihr – aber net bei mir – MEINE HERRN!

Ich rufe dafür heut abend all Frauen hier off,
De Knüppel raus – un nix wie droff!

Mann: Ich han et geahnt – et gibt nomma Verdruß.
Aber et reicht jetzt – wei is endlich Schluß.
Du suchst wie immer nix wie Streit,
Fühlst dich stark bei all den Emanzen und Frauensleut.
Laß wenigstens die Männer in Ruh hier im Saal,
et langt, daß ich et vor Ärger han an der Gall.
Aber so ist es seit urdenklichen Zeiten,
ihr fühlt euch nur wohl, wenn ihr könnt mit uns streiten.
Et Haushaltsgeld tut ihr verplempern,
mit Lippenstift und falschen Wimpern.
Statt uns wat Gutes zu servieren,
laßt ihr euch in der Sauna massieren.

Ihr Männer, da hört doch all Geduld ma off,
De Knüppel raus – un nix wie droff!

Frau: Me wei gibt et mir awwer doch ze dumm,
du sagst, mir Frauen kämen met em Geld net rum.

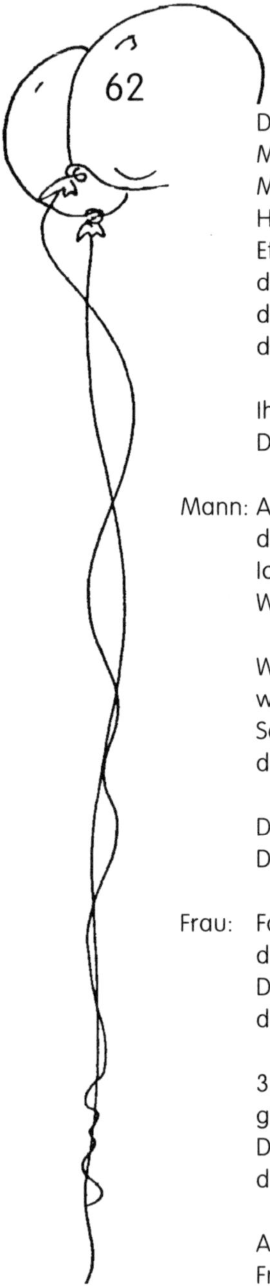

Dabei hörn mir von euch doch weider nix wie sparen,
Me met euch Mannsleit ist doch kei grad fuhr ze fahren.
Mir Frauen sollen für euch brutzeln un flambieren,
Hähncher, Rumpsteak und auch saure Nieren.
Et würd nur noch fehlen,
dat ihr gingt goldene Fürzchen erwählen,
die mir euch noch braten sollen,
dann könnt euch awer gleich den Deuwel hollen.

Ihr Frauen, da hört doch de ganzen Gemüshandel off,
De Knüppel raus – und nix wie droff!

Mann: Also jetzt wird et aber langsam Zeit,
dat mit euch Frauen geht entschieden zu weit.
Ich protestiere hier als der Schöpfung höchste Zier,
Wer war dann zuerst da, mir oder ihr?

Wie könnten mir Männer doch so glücklich senn,
wenn et überhaupt kein Fraaleit gäb genn.
Seit ihr wat gehört habt von emanzipieren,
da meint ihr, ihr braucht uns net mehr zu parieren!?

Drum ruf ich alle Männer jetzt off –
De Knüppel raus – un nix wie droff!

Frau: Fang du nur met dem Thema an,
da bist de aber bei mir richtig dran.
Dat bißchen, wat ihr Männer noch tut schaffen,
dat könnten mir Frauen och noch machen!

35 Stunnen in de Woch,
geht dir doch nur noch of de Arbeit droff.
De meist Zeit seid ihr doch strack wie'n Besen,
dir Mannsleut seid doch völlig unnütze Wesen!

Aber – dat mit der Strackheit, dat hört bald off,
Frauen: De Knüppel raus – un nix wie droff!

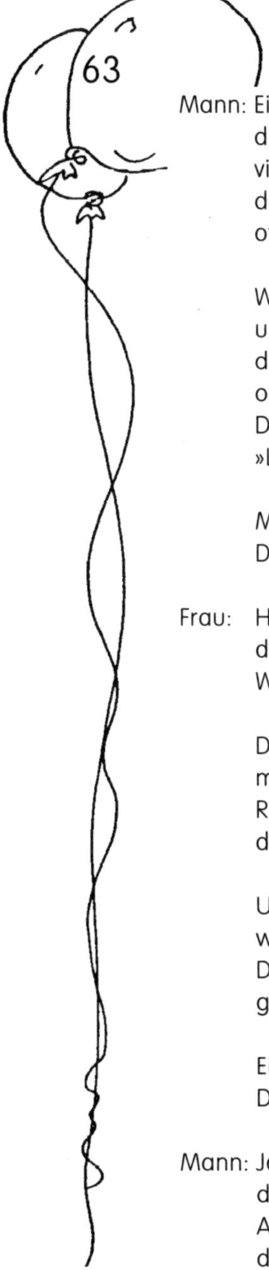

Mann: Ei, du hast et nötig, dein Schness ze riskieren,
du liegst doch Abend für Abend – ausgestreckt mit allen vieren,
de bist schon davon ganz doof im Gehirn –
of em Sofa vor dem Fernsehschirm!

Wie mir zwei neulich Tutti-Frutti han geguckt,
un mich hatt et davon e bißchen gejuckt,
da hab ich dich gefragt, im Rausch der Gefühle,
ob mir net och Tutti-Frutti soll'n spielen.
Da hast du gesagt mit einem langen Gähnen:
»Laß mich in Ruh, ich han heut Migräne!«

Männer, da hört doch alle Liebe off,
De Knüppel raus – un nix wie droff!

Frau: Hach! Off die Tour willst du reiten,
dann mußt de aber och bei der Wahrheit bleiben.
Wieso dat so is – aber gell, da hältste de Schness!

Denn du bist doch ständig off da Tour,
machst wochenlang en Kneipenkur.
Riskierst un jedem Buffet doch dein Schness,
du rennst do rum, wie'n Hund, der laafisch is!

Un findste spät in da Nacht dann heim de Weg,
wirst de von deinen Genossen vor de Haustür gelegt!
Dann willst de noch lieb sein un noch nett,
grawwelscht gern bei mich in't Bett!

Ei, da hört doch all dat Schmusen off,
De Knüppel raus – und nix wie droff!

Mann: Ja, wenn de willst, brauchst de et nur zu saan,
dann schaff ich mir gleich en annert an.
Aber kein mehr so en gliidisch Feuerzang,
die sich selber oft net leiden kann.
Mir käm dann ebbes Knuspriges off de Rippen,

un kein soo'n alt doddelisch Deppen (Topf).
Wie wär ich dann so glücklich und so froh,
et wär e ganz anner Leben, als wie so.

Un all de Streit mit dir hört dann off,
Ihr Männer:
De Knüppel raus – un nix wie droff!

Frau: Oh, du Großkotz!
Mir Frauen wissen längst Bescheid,
dat ihr Männer alle Schlappschwänz seid.
Denn grad in der Liebe ist fürwahr
der Mann – ein traurig Exemplar.
Ihr lebt doch gern in Saus und Braus,
gebt euer Geld bei annern Frauen aus.
Sinn euch die Naupen dann vergang,
kommt ihr voll Reue off de Knie bei uns an:
»Holt auf uns ins Haus – nehmt uns wieder off!«
Nix da: De Knüppel raus – un nix wie droff!

Mann: Du, ich mein dat Thema wird jetzt zu heikel,
müssen wir uns eigentlich vor allen Leuten
verschennen und verstreiten?
Ich hab zwar gemerkt, dat sind kein Possen,
hier im Saal han mir viele Leidensgenossen.
Aber ich wär dafür, mir hören jetzt off,
sonst schlagen die off einmal richtig droff.

Frau: Hmh, – wenn ich et so richtig überleg,
dann haste recht! –
Komm, mir gehn jetzt, de bist ja doch mein
gudder Knecht!

Helau!

SPORTLICH, SPORTLICH

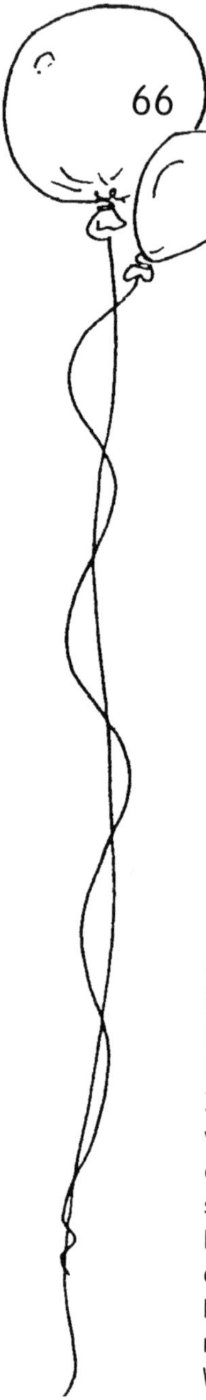

FITNESS IST TRUMPF

VON OLIVER BECK

Der Vortragende sollte die Bühne möglichst in einer Turnhose oder Radlerhose betreten. Ein eng am Körper anliegendes Oberteil (Muskelshirt), Schweißband für Stirn und Handgelenk sowie weitere Fitneßaccessoires vervollkommnen den Dress.

Ihr seht an Statur und an den enge' Gewänder',
ich bin Mitglied im örtliche Fitneßcenter.
Ich ging nicht freiwillig und ganz ohne Wahl hin,
es geschah auf den Wunsch von meiner Gemahlin.
Als sie mich mal abends entblößt hat betrachtet,
was sie ja bei sich stets aufs Höchste verachtet,
da schiebt sie mich hin vor den Ganzkörperspiegel,
entreißt mir gewaltsam mein Marsschokoriegel
und meint zu mir traurig, die Stimme ganz rauh:
»Du hattst auch schon mal 'n schöneren Körperbau!«
Dann zeigt sie mir die Männer in der Illustrierte':
Mel Gibson, den Gottschalk, Paul Getty den Vierte'
und schließt alle Schränke, schreit: Du kriegst kei' Worscht mehr
bist du so aussiehst wie der Kevin Costner!

Drum hab ich mich dann hingequält,
hab' den Halbjahresvertrag gewählt,
m mich kein ganzes Jahr zu binden
und mich mit Hanteln abzuschinden.
Zunächst hab' ich gefragt, das war noch bequem,
wie hoch sie denn die Erfolgsquote sehn,
ob hier denn wirklich jeder Mann,
so ein Schwarzenegger-Typ werden kann!
Es war mir nicht genug Beweis,
daß es roch nach Achselschweiß.
Denn all die Sauberkeit, die täuscht,
nichts war von Meister Proper feucht.
Wenn die Geräte glänzend war'n,
dann wischt' ich nach mit Sagrotan.

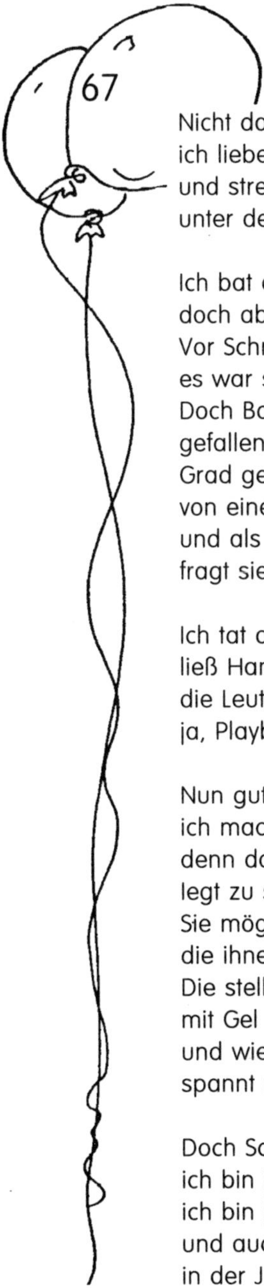

Nicht daß ich da sensibel wär',
ich liebe meinen Fußpilz sehr
und streife davon stets fünf Achtel
unter der Dusche an die Kachel.

Ich bat dort um Einlaß, um die Muskeln zu stählen,
doch abends um acht konnt ich mich kaum noch bewegen.
Vor Schmerzen konnt' ich keinen Schritt laufen,
es war schlimmer als der Kater nach zehn Stunden saufen.
Doch Bodybuilding hin und her,
gefallen mir auch die Mädels sehr.
Grad gestern wurde ich angesprochen
von einem Weib, schlank wie ein Rochen,
und als ich gerade meine Chancen bedenk',
fragt sie mich: Sind Sie nicht Heinz Schenk?

Ich tat aus allen Wolken fallen,
ließ Hanteln auf den Boden knallen,
die Leut' ringsrum, die lachten herzlich,
ja, Playboy werden, das ist schmerzlich.

Nun gut, die Zeiten, die sind rum,
ich mach mich für die nicht mehr krumm,
denn das Geschöpf der Weiblichkeit
legt zu sehr wert auf Eitelkeit.
Sie mögen sie, die jungen Knaben,
die ihnen nichts zu bieten haben.
Die stellen sich vor sie, die Haare getönt,
mit Gel eingeschmiert und den Kopf frisch geföhnt,
und wie die Perlen an der Kette
spannt man gemeinsam um die Wette.

Doch Schluß mit all der Lästerei,
ich bin ja schließlich auch dabei,
ich bin ja auch kein Kostverächter
und auch von der Moral kein Wächter,
in der Jugend sind sie noch scharf (die Augen),
sind sie mal älter, sie nichts mehr taugen,

und seh ich mei' Alte, dann kann ich nur schrein:
Ich glaub, man kann noch froh drüber sein.

Auf jeden Fall war's ein Fehler ein Riesen;
doch ich habe das Geld schon überwiesen
und mach das halbe Jahr noch voll,
doch lang schon find ich's nicht mehr toll.

Drum sag ich euch, Frauen wie Männer',
und bring's moralisch auf 'nen Nenner,
daß zwar der Körper wichtig ist,
doch Bodybuilding, das ist Mist,
denn das ist gegen die Natur
und Oberflächlichkeitstinktur,
'ne Folter wie im Mittelalter,
ein blöder, alter Witz, ein kalter,
bei dem man nur verlieren kann,
denn die Zeit, die hält nicht an.
Zwar werd' ich nie ein Machotyp,
doch ich, ich hab mich selber lieb.

Helau!

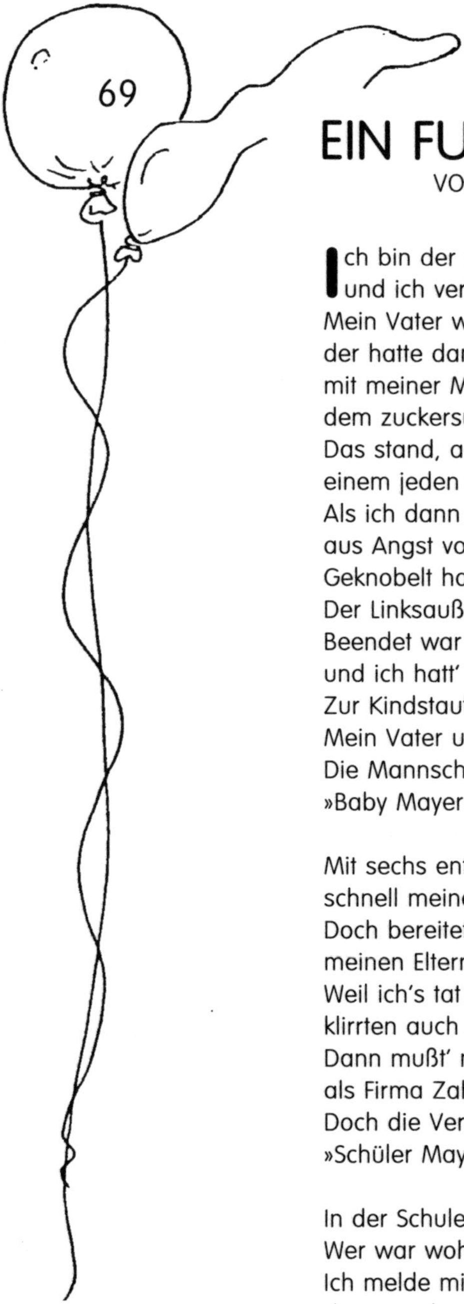

EIN FUSSBALLSPIELER

VON JOSEF HARTMANN

Ich bin der Fußballspieler Mayer,
und ich verkauf' mich immer teuer.
Mein Vater war der FC 04,
der hatte damals viel Plessier
mit meiner Mutter, dem blonden Lottchen,
dem zuckersüßen Vereinsmaskottchen.
Das stand, aus Freud an der Bewegung,
einem jeden Spieler zur Verfügung.
Als ich dann kam, haben die gegafft,
aus Angst vor einer Vaterschaft.
Geknobelt hatten dann die Toren.
Der Linksaußen hatt' hierbei verloren.
Beendet war gleich das Theater,
und ich hatt' endlich meinen Vater.
Zur Kindstauf' waren eingeladen
Mein Vater und mindestens 10 Paten.
Die Mannschaft rief vereint im Chor:
»Baby Mayer – bald ein Tor!«

Mit sechs entdeckte man am Ende
schnell meine Fußballspieltalente.
Doch bereitet mancher Schuß
meinen Eltern viel Verdruß:
Weil ich's tat oft übertreiben,
klirrten auch mal die Fensterscheiben.
Dann mußt' mein Vater sich bequeme'
als Firma Zahlemann und Söhne.
Doch die Verglaser riefen im Chor:
»Schüler Mayer – noch ein Tor!«

In der Schule fragt der Herr Lehrer heißer:
Wer war wohl unser größter Kaiser?
Ich melde mich, denn ich war ein Schlauer:
das war der Kaiser Beckenbauer.

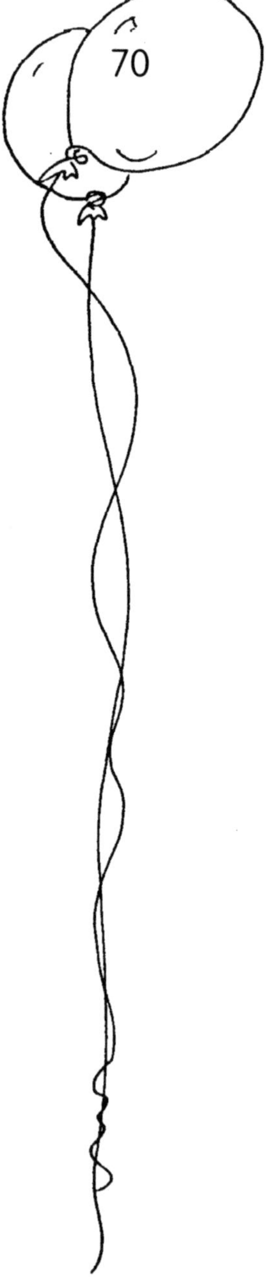

Der hat in München es fertig gekriegt
und mit nur zehn Mann die ganze Welt besiegt.
Damals schrie ein Riesenchor:
»Dickes Müller, noch ein Tor!«

In der Jugend war für Zehn
der Pfarrer unser größter Fan.
Oft hatte er, ihm drohte Kittchen,
den Schiedsrichter an dem Schlafwittchen.
Ein Sieg ihm ziemlich viel bedeutet,
danach hat er oft Sturm geläutet,
die Abendmesse glatt vergessen,
so war vom Fußball er besessen.
Fehlte einer, so sprang er ein.
Die Gegner fanden das gemein,
weil dann, ein Clou der Sportgeschichte,
die Tore fiel'n wie reife Früchte.
Gerüchte sagten ganz gezielt:
Sein höchster Chef hätt' mitgespielt,
denn so was kommt doch selten vor:
Fast jeder Schuß war da ein Tor.
Und von den Rängen braust ein Chor:
»Es lebe der Pfarrer – noch ein Tor!«

Mit 18 war ich, sonnenklar,
bei uns zu Haus ein Fußballstar.
Das besagte auch sehr viel:
denn wir gewannen jedes Spiel.
Die Gegner wurden aufgeschreckt.
Die Bundesliga mich entdeckt'.
500 000 Mark bar auf die Hand,
bei meiner Klasse ist dies kein' Schand.
Eine halbe Million, ganz steuerfrei,
dann unterschrieb ich, dann war ich dabei.
Die Herrn bekamen einen Schock,
doch standen arg sie unter Druck.
Ein Klassestürmer mußte her,
das Zahlen fiel ihnen ziemlich schwer.

Es gab grünes Licht – alle machten mit,
die Banken gaben gern Kredit.
Nun konnt' man schreien vereint im Chor:
»Bomber Mayer – noch ein Tor!«

Beim ersten Training, ganz nebenbei,
fragt mich der Trainer, ob ich rechts-
oder linksfüßig sei.
Ich sagte: »Herr Trainer, allemal.
Ich bin politisch ganz neutral.«
Ob links oder rechts, ich find' keinen Sinn,
die Hauptsach', der Ball ist im Kasten drin.
Dann schreit im Stadion der Chor:
»Bomber Mayer – noch ein Tor!«

Beim ersten Spiel sagt der Schiedsrichter zuvor:
Herr Mayer, sie kommen bekannt mir vor.
Sie mir auch, sag' ich ungeniert,
bei mir haben Sie das Ziehen der roten Karte
trainiert.
Das Spiel beginnt, ich presche vor,
tret rein, schon fällt das erste Tor.
Doch der Schiedsrichter pfeift Abseits,
das darf doch nicht sein,
diese Fehlentscheidung ist hundsgemein.
Und von den Rängen klingt's wie nackter Hohn:
»Schiedsrichter ans Telefon!«
Als ich wieder komme angefegt,
werd' ich im Strafraum glatt gelegt.
Das war, im Stadion sah's ein jeder,
ein hundertprozentiger Elfmeter.
Doch der Schiedsrichter behauptet ungeniert:
Ich hätt' eine Schwalbe produziert.
Er zeigt mir dann, ganz ohne Gnade,
danach auch noch die gelbe Karte.
Jetzt mir der Kragen zu platzen droht:
»Herr Schiedsrichter, Sie sind ein Idiot.

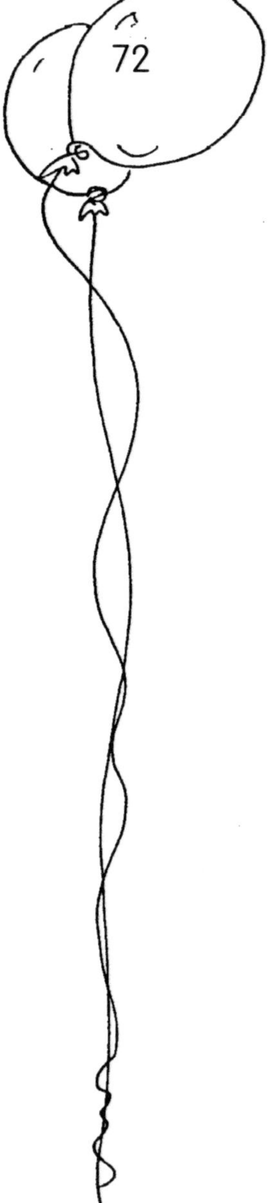

Sie scheinen überhaupt nicht zu begreifen,
wie man mit der Trillerpfeif' tut pfeifen.
Sie müssen sich jetzt schnell aufraffen,
in den Urwald fahren zu den Affen.
Dort können Sie – wie ein Urwaldgraf-
Schiedsrichter spielen als Oberaff'.«
Der Schiedsrichter tat nicht lang warte',
ich sah sofort die rote Karte.
Und durfte, wie ich so was hasse,
auf dem schnellsten Weg den Platz verlasse'.
Wenn's hierbei mir auch wurde schlecht:
Der Schiri hat halt immer Recht.
In Fortsetzung von der Geschicht',
mußt ich dann vor das Sportgericht.
Den Schiedsrichter man hier verteidigt,
weil ich hab' seine Ehr' beleidigt.
Ich sag': »Der Schiedsrichter, der Schuft,
ist auf dem Spielfeld doch nur Luft.«
So steht das klar, ihr Lieben, Guten,
ganz deutlich in euren Statuten.
Und Luft kann man, was tut ihr glotzen?,
im allgemeinen nur verschmutzen.
Ruft einer mit viel Schaum vorm Maul,
ein Zuschauer, so gar nicht faul:
»Jetzt weiß ich endlich unbedingt,
warum's auf dem Sportplatz immer stinkt.
Der Schiedsrichter ist's, der ungetestet
mit seiner Pfeif' die Luft verpestet.
Das ist nicht nur ein böser Linker,
sondern auch ein großer Stinker.«
Es erfolgte ein Freispruch, man sang im Chor:
»Bomber Mayer – noch ein Tor!«

Freundschaftsspiel in Baden-Baden,
Wir 10:0 gewonnen hatten.
Doch abends bei der Revanche auf der Bank
hieß es 5000:0, wir waren blank.

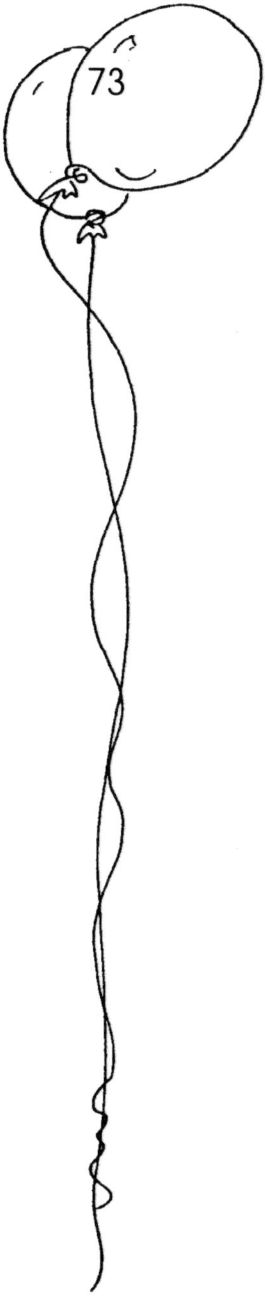

Die Mannschaft rief in finanzieller Not:
»Bomber Mayer, spiel weiter, wir sind bankrott.«
Bei den Bayern gingen wir bös unter,
erst im Hofbräuhaus wurden wir wieder munter.
Da wurden die Bayern, man war sehr betroffen,
mit 11:0 unter den Tisch gesoffen.
Und alle riefen – voll vom Gas:
»Bomber Mayer – noch ein Maß!«

Haben uns die Gegner mal gewetzt,
werden beim Heimspiel Hunde eingesetzt.
Wenn dann böse Fans einmal entgleisen,
dann soll'n die Hunde kräftig beißen.
Beim Einwurf hatte, sehr gerissen,
mich dann ein Hund ins Bein gebissen.
Doch die Revanche auf den Fuß
erfolgte dann mit Hochgenuß.
Der Hund, er fühlt sich nicht mehr ganz,
konnt nicht mehr wedeln mit dem Schwanz,
weil dort, trotz großer Hindernisse,
hat Bomber Mayer zugebisse'.
Und die Moral von der Geschicht':
Den Bomber Mayer beißt man nicht.

Beim Fußball gibt's nicht viel Gehabe
im Notfall bei der Ballrückgabe.
Die Fans oft dieses nicht begreifen
und reagieren schnell mit Pfeifen.
Doch mein Schuß, der unsrem Torwart galt,
erwischte diesen beinah' kalt.
Aus 20 Metern zieh ich ab,
der Ball zischt los, und das nicht knapp,
trifft's eigne Holz mit 100 Sachen,
der Torwart hatte nichts zu lachen.
Dort prallt er ab, zurück er schnellt
und überquert das halbe Feld,
trifft unterwegs Schiedsrichters Kopf,
erschrocken gibt der arme Tropf

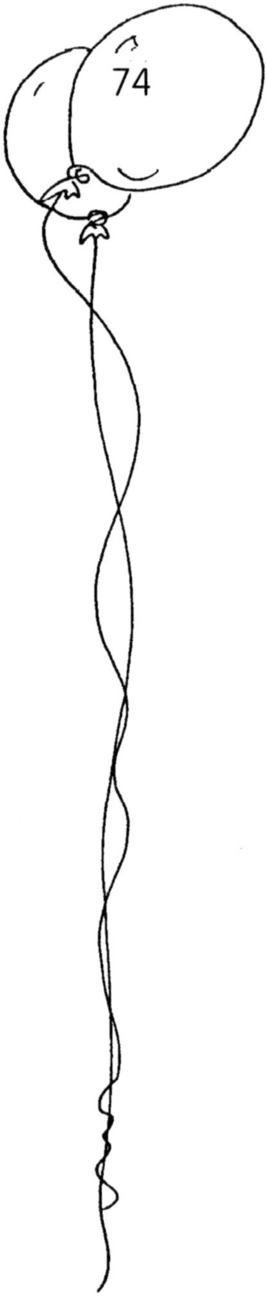

den Ball, ich fühlt' mich froh und heiter,
sofort in Richtung Gegner weiter.
Dort fliegt, der Torwart mußt sich strecke',
das Leder in die linke Ecke.
Und so entstand ein ziemlich klares
Bomber Mayer Tor des Jahres.

Bei meiner Klasse kann's nicht fehle',
daß ich zur Nationalelf zähle.
Mit mir, dem Super-Bomber-Mayer,
gäb's immer eine Meisterfeier.
Ich knall die Tore aus allen Lagen
wie dickes Müller in seinen besten Tagen.
Doch leider macht beim DFB
kein einziger sich mal die Müh',
in der Nationalelf mich zu testen,
wo ich doch bin einer der besten.
Die sind, man kann's fast nicht ertragen,
von großer Blindheit stark beschlagen.
So 'nen Mann wie mich, vom Kopf bis zu den Zehen,
den kann man doch nicht übersehen.
Ich behaupte frech und frei:
Ich bin der Kaiser Nummer zwei.
Und geb' keine Ruh', bis mißvergnügt
der Neuberger vor mir auf den Knien liegt.
Und bettelt: Lieber, braver Mayer,
verhelf uns zur Weltmeisterfeier,
schieß bitte, bitte du die Tore,
sonst ist unsere Nation verlore'.
Denn ohne deine große Stärke,
sind wir auf der Welt nur Fußballzwerge.
Spielst du – schreit die Nation im Chor:
»Bomber Mayer – noch ein Tor!«
Ich muß jetzt gehn – Helau und Alaaf,
euer Fußballspieler laust sonst der Aff'.

75
KAMPF DER GESCHLECHTER

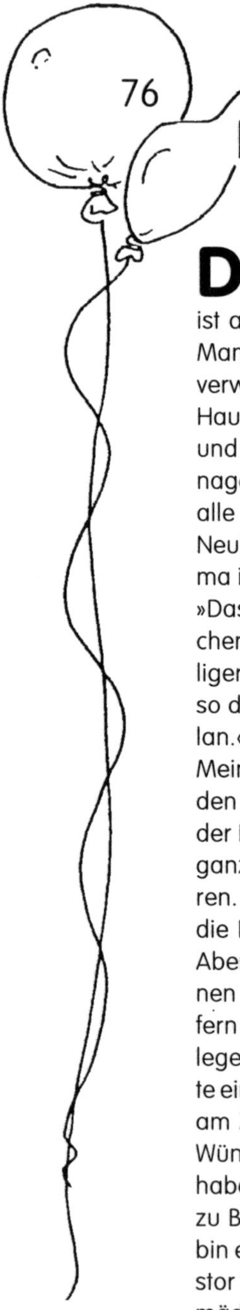

DER TÜNNES ALS EHEMANN

VON HEINZ WEYANDT

Drum prüfe, wer sich ewig bindet, ob sich nicht noch was Bessres findet! Hätte ich doch nur auf diesen guten Rat gehört. Aber jetzt ist alles zu spät, ich bin unschuldig verheiratet.

Manchmal habe ich den Eindruck, diese Frau hat man extra für mich verwahrt.Was die alles mit in die Ehe gebracht hat, war ein schwerer Haufen Zeug. Sich selbst mit ca. 100 Kilo. Einen hoffnungsvollen Sohn und eine Tochter, die voller Hoffnung war. Als Zugabe noch meine nagelneue Schwiegermutter. Ich werde das Gefühl nicht los, daß die alle von einer Geisterbahn ausgerissen sind.

Neulich kommt der Sohn aus der Schule und sagt: »Du Papa, die Mama ißt bestimmt zuviel. Die wird ja von Tag zu Tag dicker!« Ich sage: »Das kommt nicht nur vom Essen. Du bekommst bald ein Schwesterchen oder ein Brüderchen. Und dann wird die Mama leicht etwas fülliger.« »Ah«, sagt der Junge, »jetzt weiß ich auch, warum unser Pastor so dick ist. Der hat nämlich gesagt, wir bekämen einen neuen Kaplan.«

Meine Frau stellt sich jeden Tag auf die Waage. Aber immer nimmt sie den Hund mit. Dieser Tage hörte ich, wie sie sagte: »Verdammt, hat der Köter schon wieder ein Kilo zugenommen!« Auf den Hund ist sie ganz verrückt. Sie rennt mit dem Vieh von einer Ausstellung zur anderen. Einmal hat sie den ersten Preis bekommen. Eigentlich sollten ja die Hunde prämiert werden!

Aber jetzt will sie abnehmen. Sie hat quer durch unsere Wohnung einen Trimmpfad angelegt. Wenn die mit aufgeblendeten Scheinwerfern durch die Wohnung rast, dann müssen wir die Möbel an die Kette legen. Am Sonntag kam unser Untermieter und sagte: »Könnt ihr heute einmal mit dem Turnen aussetzen? Bei uns in der Wohnung ist alles am Zittern, wir bekommen den Pudding nicht steif.«

Wünsche hat meine Frau. Neulich wollte sie unbedingt einen Papagei haben. Ich habe ihr einen gebrauchten gekauft. Jedesmal wenn einer zu Besuch kam, schrie das Biest: »Ich bin ein Freudenmädchen, ich bin ein Freudenmädchen!« Am Sonntag kommt plötzlich der Herr Pastor ins Zimmer. Schon plärrt der Papagei los: »Ich bin ein Freudenmädchen!« Entsetzt sagt der Pastor: »Was muß ich denn da hören?

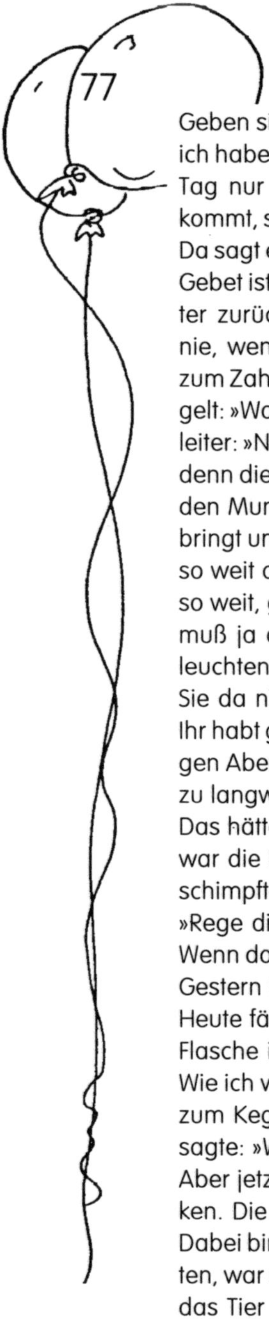

Geben sie mir das Tier einmal mit. Den werden wir schon bekehren, ich habe selber zwei Papageien zu Hause, die sprechen den ganzen Tag nur fromme Bibelsprüche.« Als der Pastor in seine Wohnung kommt, schreit unser Vogel schon los: »Ich bin ein Freudenmädchen!« Da sagt einer von den zwei Frommen: »Koko, leg die Bibel weg, unser Gebet ist erhört worden.« Um noch einmal auf meine Schwiegermutter zurückzukommen. Die ist ein Einzelstück. Die achtet nur auf die Linie, wenn sie mit der Straßenbahn fahren muß. Neulich wollte sie zum Zahnarzt. An der Haltestelle mußte sie warten. Da hat sie genörgelt: »Wann kommt dann endlich die Bahn?« Da sagte der Fahrdienstleiter: »Nur Geduld, gnädige Frau, das kann nicht mehr lange dauern, denn die Schienen liegen ja schon!« Endlich beim Zahnarzt, sollte sie den Mund aufmachen. Also, wenn die ihren Mund aufmacht, dann bringt unsere Katze ihre Jungen in den Keller. Die hatte ihren Bagger so weit aufgerissen wie ein Nilpferd. Meinte der Doktor: »Bitte, nicht so weit, gnädige Frau, ich will ja nur mit der Zange hinein, ich selbst muß ja draußen bleiben!« Dann wollte er ihr die Mundhöhle ausleuchten. Sie sagte: »Herr Doktor, meinen Krankenschein brauchen Sie da nicht zu suchen,den habe ich in meiner Handtasche.«

Ihr habt gut lachen, aber ich meistens Pech. Wie meine Frau am Heiligen Abend zur Christmette ging, sagte sie: »Du, Tünnes, wenn es dir zu langweilig wird, dann kannst du ja schon den Baum anzünden.« Das hätte sie besser nicht gesagt. Denn als sie aus der Kirche kam, war die Feuerwehr gerade die Schläuche am einrollen. Meine Frau schimpfte: »Du mußt aber auch alles wörtlich nehmen.« Ich sagte: »Rege dich nicht auf, du wolltest ja sowieso neu tapezieren.«

Wenn das Unglück einen trifft, dann kommt es meistens knüppeldick. Gestern fällt meine Frau die Treppe hinunter. Was ist passiert? Nix. Heute fällt mir eine Flasche Korn auf die Erde. Was ist passiert? Die Flasche ist kaputt.

Wie ich vorige Woche zum Kegeln ging, sagte meine Frau: »Du gehst zum Kegeln? Denke daran, in einer Woche ist die Miete fällig.« Ich sagte: »Wo denkst du hin, dann bin ich doch längst wieder zurück.« Aber jetzt ist es aus mit dem Kegeln. Ich kann mich nicht mehr bükken. Die Alte hat mir die Unterhosen gestärkt.

Dabei bin ich mit der durch Dick und Dünn gegangen. Als wir heirateten, war sie dünn. Heute hat sie eine Figur wie ein Reh, oder wie heißt das Tier mit dem langen Rüssel?

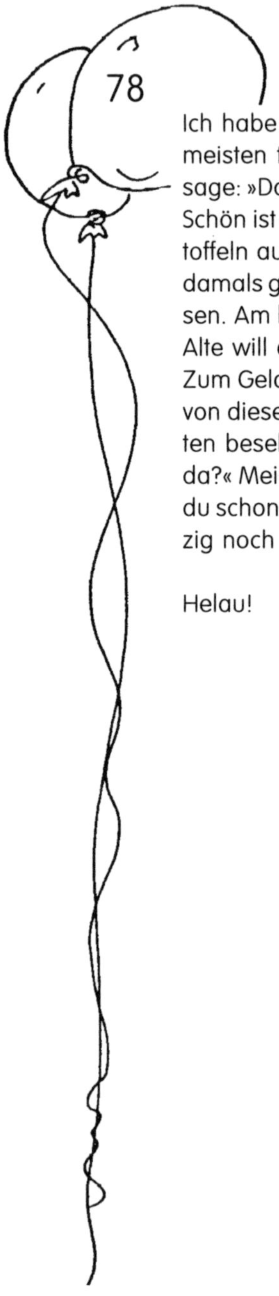

Ich habe ihr zum Fest einen Pelzmantel geschenkt. Meint sie: »Am meisten tut mir das arme Tier leid, das hierfür bluten mußte.« Ich sage: »Das ist aber nett von dir, daß du auch einmal an mich denkst.« Schön ist meine Frau ja nicht, aber sie kocht so gut. Ja, die kann Kartoffeln auf fünf verschiedene Arten anbrennen lassen. Ich habe mir damals gesagt: Nimm sie trotzdem, du mußt ja länger essen als küssen. Am liebsten möchte ich ja meinen Kummer ertränken, aber die Alte will absolut nicht ins Wasser gehen.
Zum Geld hat sie überhaupt keine Beziehung. Letztens hat sie einen von diesen neuen Geldscheinen gefunden. Sie hat ihn von allen Seiten besehen und dann zerrissen. Ich sage: »Was machst du denn da?« Meinte sie: »Rege dich nicht auf, das war Falschgeld, oder hast du schon mal einen Fünfzigmarkschein gesehen, der hinter der Fünfzig noch eine Null hat?«

Helau!

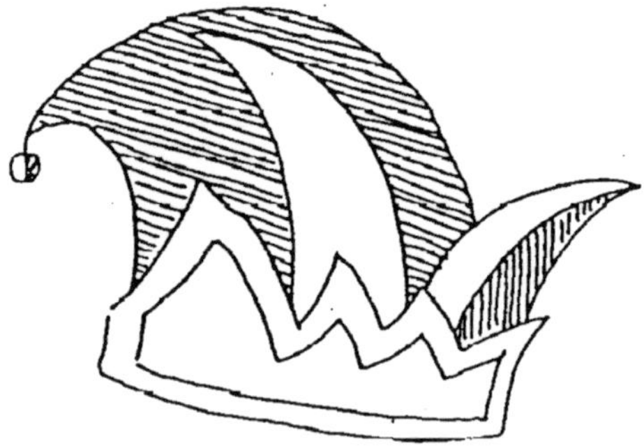

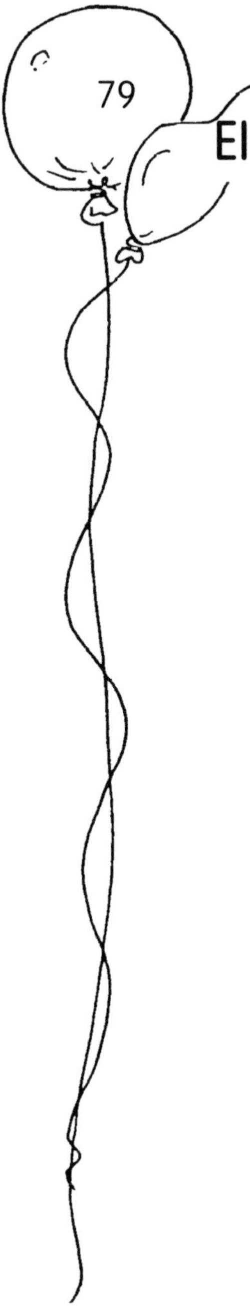

EIN GESTRESSTER HAUSMANN

VON ERICH DIEFENBACH

Mei' Fraa war bisher – Gott sei Dank –
nicht einen Tag lang ernstlich krank.
Nur die geregelt Arbeitslust
hielt mir mein Weib halt so robust.
Wenn ich schon mit mei' schwache Händ
die Arbeit nit so packe könnt,
dann nutze wirklich hier und da
die Arbeitskräfte meiner Fraa.
Drum bitte ich den Herrgott täglich
um Arbeit –für mei' Fraa– wenn möglich.
Nur so kann die sich dann entfalte
und bleibt mir auch noch lang erhalte.
Nehmt deshalb jetzt das Glas zur Hand,
wenn nötig, füllt es bis zum Rand,
und stoßet an in froher Schar
auf die Gesundheit meiner Fraa!

Doch kam ein Unglück letztes Jahr
ganz unverhofft zu meiner Fraa.
Die war grad mit dem Bohnerblock
im Treppehaus im 2. Stock.
Ich hab – wie man sich halt ergänzt –
geguckt, ob wirklich alles glänzt,
da ist die plötzlich ungeschickt
mi'm Fuß so seitlich umgeknickt,
fliegt dann, das is gewiß kein Wunder,
mit Hurra alle Treppe runner,
und reißt dabei noch vom Podest,
was nit mehr niet- und nagelfest,
fegt im Vorbeiflug voller Schreck
den Spitzweg von der Wand e weg.
Da trifft der schwere Bilderrahme
den Hinterkopf von meiner Arme,

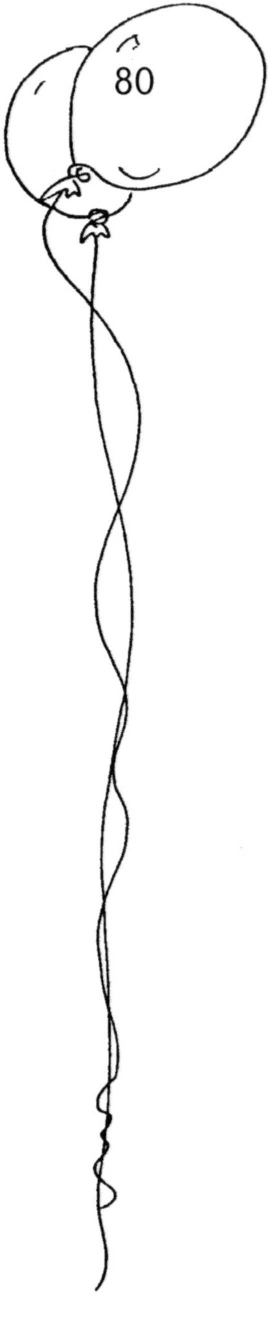

und mit verdrehte Augenränder
fliegt die im Boge durch's Geländer.

Das erste, was ich da gedacht:
wer jetzt die Hausarbeite macht?
Du grüne Neune, hon ich denkt,
es wird ei'm wirklich nichts geschenkt!
Da hatt' ich also jetzt mei' Fett:
die Fraa im Krankehaus im Bett,
ich Tropf stand da mit mei'm Latein
und unserm Haushalt ganz allein.
Drum überlegte ich nit lang
und buchte gleich 'nen Fernlehrgang.
In Schul- und auch in Hausarbeite
wollt' ich mein' Horizont erweite.
So lernt ich noch mal umzukehre
die reziproke Mengenlehre.
Das Einmaleins rief ich am Stück
mir ins Gedächtnis noch zurück.
Wie koche ich auch ohne Frau
'nen Gulasch von 'ner halben Sau?
Und fehlt ein Knopf am Hoselade,
den näh ich selbst mit Zwirn und Fade.
Denn das geht wohl an Ort und Stelle
ganz sicher nicht so uff die Schnelle.
Ein krummer Stich am falschen Ort
erübrigt hier wohl jedes Wort!

Bereits nach einem Fernsemester
– so siebe Woche vor Silvester –
packt ich mei' Wisse forsch am Schopf,
Rindsbrate schmorn im Dampfkochtopf.
Ich hatt' zum Prüfe meiner Tate
die Schwiegermutter eingelade!
Das Fleisch wurd' langsam angegart,
Fett hon ich dabei nit gespart,
und gab laut Lehrgangs-Expertise
dazu 'ne leichte Pfefferprise,

auch Muskat, Dill und Majoran,
'ne Messerspitze Thymian,
zwei Lorbeerblätter für die Kraft,
von Rindsbrüh echte Bouillon-Saft,
fünf Knoblauchzehe und zum Schluß
noch einen strammen Rotweinschuß.
Bei so 'ner Soß hat man im Stille
schon in der Küch' rund zwei Promille.
Und deshalb hon ich unbedacht
verklemmt den Deckel zugemacht.

Inzwische war mit lautem Schnaufe
die Schwiegermutter eingelaufe.
In zwei Minute, reich bebildert,
hatt' die ihr Wehwehcher geschildert.
Was ihr die Galle samt dem Saft
seit Woche schon zu schaffe macht.
Ihr Kreislauf wäre völlig down,
sie wär' die ärmste aller Fraun.
Was sie mi'm Herz schon mitgemacht,
das hätte niemand je bedacht.
Und beide Füß wär'n dick geschwolle,
ob ich ihr Franzbranntwein könnt' holle.
Ja, übrigens müßt sie erwähne,
seit Woche hätt' sie schon Migräne.
Frau Maier vom Seniore-Kreis,
die über Krankheit alles weiß,
hätt' gestern abend ihr empfohle,
sich in Bad Ischl zu erhole.
Da sagt ich plötzlich: »Oma, stopp!
Sei still, sonst platzt dir noch de Kopp.
Jetzt halt die Luft an, gib mir flott
Dei' Käppche, Muff samt Ozelot,
und geh jetzt hurtig in die Stub,
ich guck derweil mol nach de Supp.«
So weit kam's nit, jetzt denkt euch nur,
mir beide stande noch im Flur,

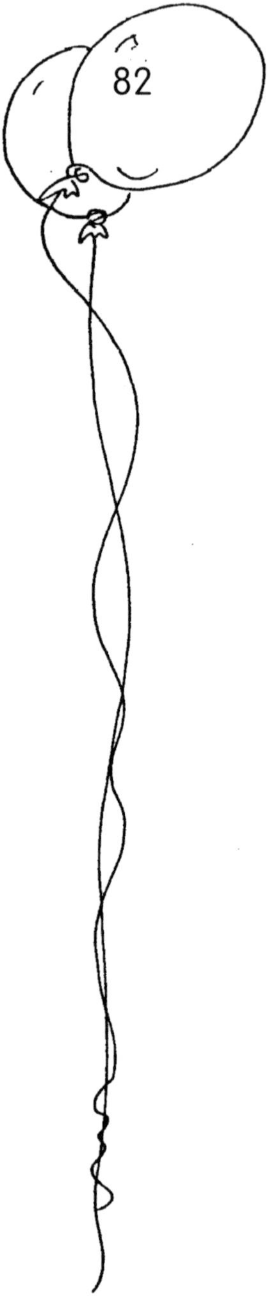

da zischt's und pufft's, dann is im Boge
mein schiefer Deckel fortgefloge
und gab damit so nebenbei
den Brate prompt zum Abschuß frei.
Der schoß samt Soß aus Fett und Butter
in Richtung meiner Schwiegermutter.
Ich rief: »In Deckung! Falle losse,
aus uns'rer Küch wird scharf geschosse!«
Doch bis die Oma das geschnackelt,
kam schon der Brate angewackelt
und klatschte zweimal zicke-zacke
ihr um die rot gefärbte Backe.
Da fiel das Weib ganz regungslos
mit rund zwei Zentner in mein Schoß.
An zwei massive Schenkelfalte
hon ich die Oma festgehalte.
So sin mir wie im Eisballett
geschliddert uff mei'm Bratefett.
Zum Jung schrie ich: »Die Oma, nehm se,
ich kann mit der unmöglich bremse!«
Bis der sich das lang überlegt,
war'n mir an dem vorbeigefegt
und rutschte mit 'nem Affezahn
zum Spültisch, untern Wasserhahn.
Die Oma hat sich kaum gemuckst,
nur einmal hat se noch gegluckst,
als die sich mit dem Bauch als Spoiler
verbrannt hatt' am Warmwasserboiler.
Mei' Karlche rief: »Was ein Gedicht,
nach dieser Kür kommt jetzt die Pflicht!«

Auch wenn als Kind ich schon in Mathe
so ab und zu Probleme hatte,
geht's heute bei mir wie geschmiert,
weil ich im Fernlehrgang studiert.
Drum war ich keinesfalls verknöchert,
als Karlche mich mi'm Dreisatz löchert:
»Ein Arbeiter, der hebt beim Haus

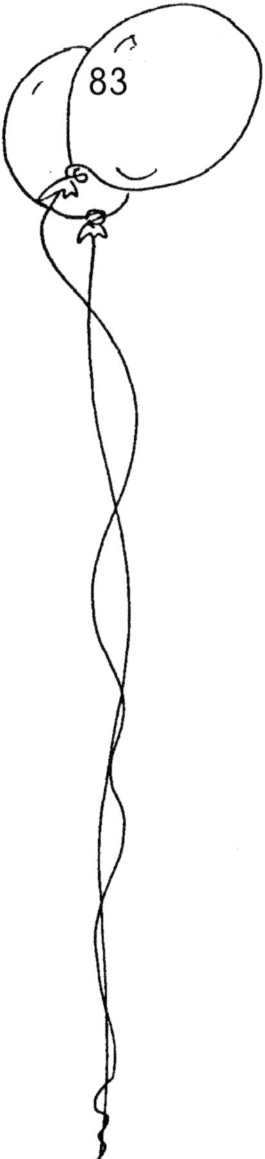

in drei Stund einen Graben aus.
Der Graben ist zwei Meter weit
und einen halben Meter breit.
Wie lange brauchen vor der Tür
drei Mann fürs gleiche wohl dafür?«
Da sagt ich: »Karlche, komm zu mir,
und nimm dir Bleistift und Papier!
Bei so viel' Hake und auch Öse
muß man das systematisch löse.
Erst kommt's drauf an, mit welcher Kraft
der Arbeiter beim Grabe schafft.
So ist nach dem Gesetz der Serie
verschieden doch die Kraftmaterie,
und die bezeichnen wir als »x«,
das heißt zunächst noch einmal nix.
Nun kommt's auch noch bei unserm Mann
auf Lastarm und auf Kraftarm an!
Das ist x-1 und dann x-2,
so hon mir von den ixe drei.
Und x mal x mal x ist glei,
nit dreimal x, 's ist x hoch drei!
Das tun wir beide nun in Stücke
so ein ums andere zerpflücke
und setze dann pro x und Mann
mal ungefähr zwei Kilo an.
Das sind dann – wie ich rechne – rund
pro Nase wohl so 16 Pfund,
durch drei geteilt – das geht nit uff,
da is doch irgendwo en Bluff!?
Ich bin doch hier nit bei Idiote,
jetzt komm ich glatt in die Periode!
Dann anders rum: die Kraft wär gleich,
weil halt der Humus butterweich,
Un einer braucht fürs Grabe rund
– wie schon gesagt – exakt drei Stund.
Wenn ein Mann schaufelt uff de Stell,
dann sind doch drei – dreimal so schnell.
Und drei mal drei sind neun, kapiert?

Neun Stund hon drei Mann investiert.
Du siehst, wer logisch denken kann,
der ist und bleibt ein kluger Mann!«

Da sagt mei' Karlche plötzlich: »Babbe,
ich glaub, daß mir en Fehler habbe.
Nach deiner ganze Rechnerei
sind drei Mann doch neun Stund dabei,
was einer wohl mit seiner Kraft
in ganz genau drei Stunde schafft!«
»Das wiederum«, gestand ich leise,
»ist nicht ganz von der Hand zu weise!«
Da hon ich hin und her vergliche,
wo sich der Fehler eingeschliche.
Als ich mich hinterm Ohr gekratzt,
da is der Krage mir geplatzt.
»Und überhaupt will ich dir sage,
was sind das für saudoofe Frage.
Noch heut werd ich dei'm Lehrer schreibe,
daß ich ihm mal den Kimmel reibe.
Möcht' wisse, wo der Kerle wohnt,
ich glaub ganz sicher hinterm Mond.
Sag morgen diesem alten Knacker,
den Erdaushub macht heut en Bagger!!«

So Bolze hon die – wie ihr seht –
in dieser Zeit mit mir gedreht.
Drum hab mit Freude ich gelese,
mei Fraa sei mittlerweil genese.
Das Krankenhaus schrieb: »Wenn Sie wolle,
da können Sie die morgen holle.
Die linke und die rechte Haxe
sind wieder senkrecht in der Achse.
Das Brustbein ist jetzt überhaupt
gedübelt und fest angeschraubt.
Das Schlüsselbein wurd' abgescheuert,
durch Plastikteile runderneuert.
Die Pumpe ist noch ganz enorm

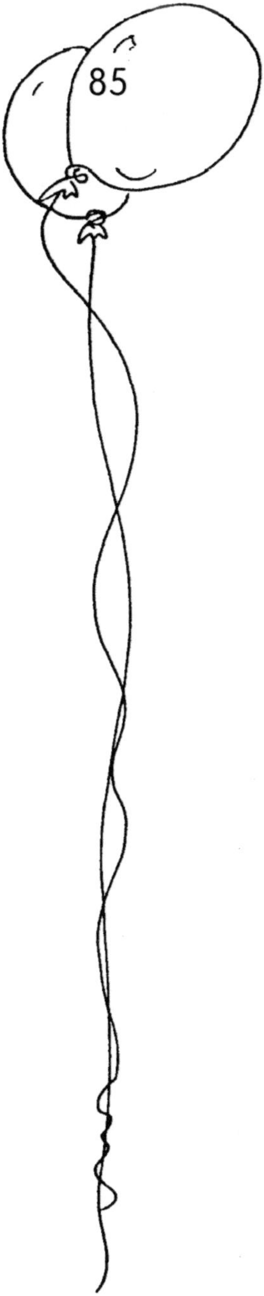

und derzeit wohl in bester Form.
Da dacht ich mir so still und leis:
Die Fraa holst du um jeden Preis.
Wer weiß, sonst hat am End mei Weib
en Austauschmotor noch im Leib!«

Ja, meines Lebens größtes Glück
ist jetzt vom Krankenhaus zurück.
Ich hab sie mit viel lieben Worten
empfangen an der Haustürpforten:
»Mein Liebling, ich vermißt dich sehr,
wie war mein Herz voll Sorgen schwer!
Fast wäre ich in all den Wochen
an Seelenkummer fast zerbrochen.
Vor allem auch an Arbeitstagen
mußt deiner Fürsorg ich entsagen.
Weil liebevoll du immer bist,
hab' ich dich auch so sehr vermißt.
Doch nun bist du ja – Gott sei Dank –
gesund und wirst wohl nie mehr krank!

Da steht's Geschirr von gestern früh,
der Putzlump' liegt noch in der Brüh.
Im Bad sollt man den Bode scheuern,
das Klopapier grad mal erneuern.
Gelegentlich könnt's wohl schon nutze,
die Fenster gründlich mal zu putze.
Ich geh derweil kurz aus dem Haus
und lüft mir mal die Lunge aus.«
So bin ich dann schnurstracks hierher,
weil's die Gelegenheit doch wär',
euch diese Kunde hier zu bringe,
ein Loblied auf die Fraun zu singe.
Sie alle sind auf ihren Plätzen
doch wirklich niemals zu ersetzen.
Drum nehmt noch mal das Glas zur Hand,
und füllt es wieder bis zum Rand,
trinkt mit mir auf das Wohl der Frau
mit dreimal Prosit und HELAU!!!!!!

WECHSELFÄLLE DES LEBENS

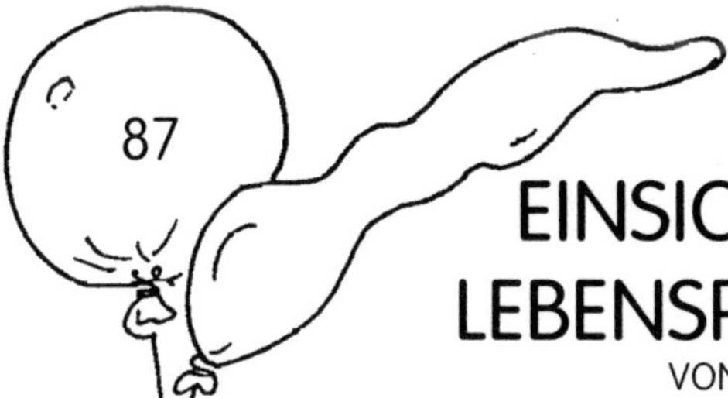

EINSICHTEN EINES LEBENSPHILOSOPHEN

VON GERD HINDERS

Ich bin glücklich: Ich bin doof, und die Frau hat Arbeit!
Es ist gut, wenn man ein bißchen doof ist: Dann hat man nicht so viele Probleme mit seiner Umwelt und sich selbst.
Apropos Umwelt!
Worüber man sich aufregt, das sind ja nicht nur die Lügen der Politiker und die Rücksichtslosigkeiten der Mitmenschen, sondern auch zum Beispiel die Verschmutzungen in der Natur.
Es gibt eigentlich nur einen Wald ohne Probleme – das ist der Walt Disney!
Oder denken Sie doch nur mal an das Wasser. Überall diese Ölverschmutzung. Kürzlich habe ich mir eine Dose Fisch gekauft. Als ich sie aufmachte, war sie fast bis zur Hälfte voll Öl – und die Sardinen darin natürlich alle tot. Nach uns die Stinkflut!
Auch die Luft ist nicht mehr rein. Die Bevölkerung müßte ihre Abgase doch eigentlich mehr zurückhalten, und der Umweltminister sollte mit gutem Beispiel vorangehen und ohne Auspuff fahren.
Auch bei den Abfällen müßte man mehr Recycling anwenden. Ich werfe zum Beispiel meine Bundesbahnfahrkarten auch nicht mehr weg, sondern benutze sie mehrfach.
Das ist es eben: Es gibt Menschen, die dafür sorgen, daß etwas geschieht. Es gibt Menschen, die aufpassen, was geschieht, und es gibt Menschen, die gar nicht mehr wissen, daß etwas geschehen ist.
Aber so weit braucht man in Deutschland gar nicht zu gehen.
Ich war jetzt in Hamburg. Im Hafen habe ich nacheinander all meinen Müll ins Wasser geworfen. Aber das gefiel der Polizei offenbar nicht. Ich verteidigte mich so: »Da steht doch am Hafenbecken ein Schild: ›Deutsche Werft‹!«
Aber andere haben auch geworfen. »Die Scheibe klirrt, der Sponti kichert, hoffentlich Allianz versichert!«
Sogar Boris Becker war jetzt in der Hafenstraße: Er suchte einen neuen Schläger!

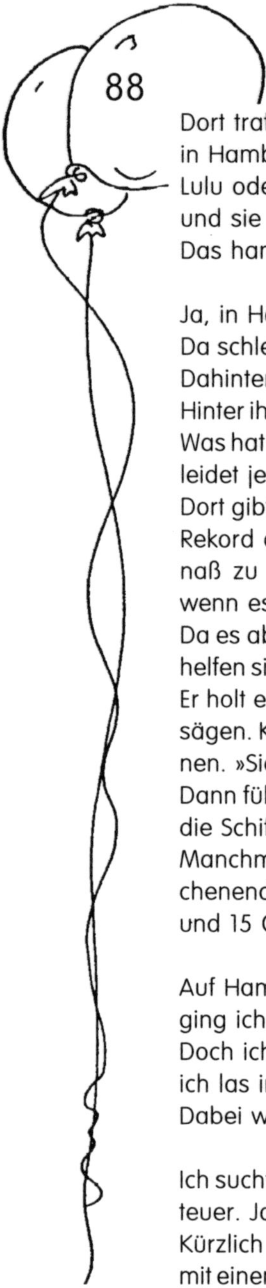

Dort traf auch ein Jüngling aus Danzig
in Hamburg ein Fräulein, das nannt' sich
Lulu oder so,
und sie schwenkte den Po.
Das ham dort die Fräuleins so an sich!

Ja, in Hamburg ist was los.
Da schlendert ein Mädchen im Minirock an der Binnenalster vorbei. Dahinter geht ein zweites Mädchen in einem noch kürzeren Minirock. Hinter ihr geht ein junger Mann (das soll ja vorkommen). Ich frage Sie: Was hat der junge Mann? Er hat schlechte Zähne! – Denn laut Statistik leidet jeder Dritte an Karies.
Dort gibt es auch viele Studenten: Zwölf von ihnen haben jetzt einen Rekord aufgestellt! Sie stellten sich unter einen Regenschirm, ohne naß zu werden. Der Versuch soll demnächst wiederholt werden, wenn es regnet!
Da es aber in Hamburg schon seit Wochen nicht mehr geregnet hat, helfen sie nach. Einer von ihnen erinnert sich einer alten Bauernregel. Er holt eine Säge, setzt sie an seinem linken Bein an und beginnt zu sägen. Kaum tropft das erste Blut, da fängt es auch schon an zu regnen. »Siehste«, sagt er, »es stimmt... Sich sägen, bringt Regen.«
Dann führt die Elbe ganz viel Wasser: damit es nicht so staubt, wenn die Schiffe aus Übersee bremsen.
Manchmal ist aber auch gutes Wetter in Hamburg. Nächstes Wochenende soll es sogar 30 Grad warm werden: 15 Grad am Samstag und 15 Grad am Sonntag.

Auf Hamburgs »sündiger Meile«
ging ich deshalb spaziern ohne Eile.
Doch ich war ganz perplex
ich las immer nur »sex«.
Dabei war es erst fünf mittlerweile!

Ich suchte das große Abenteuer. Aber am Schluß war nur der Abend teuer. Ja, die wenigsten Fehltritte werden mit dem Fuß getan.
Kürzlich komme ich vorzeitig von der Arbeit nach Hause, da liegt sie mit einem Franzosen im Bett. Aber was wollte ich machen? Ich kann ja kein Französisch.

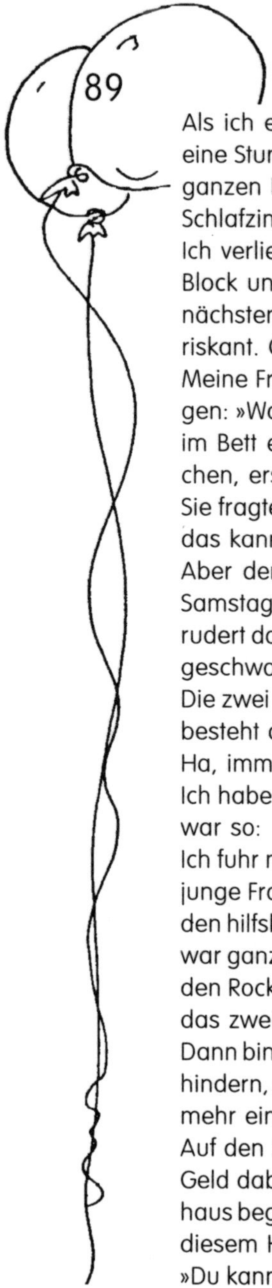

Als ich eine Woche später mit einem Kumpel zusammen heimlich eine Stunde vor Feierabend die Arbeitsstelle verließ und die Frau im ganzen Haus suchte, fand ich sie mit meinem Chef zusammen im Schlafzimmer vor.
Ich verließ ganz still das Zimmer, drehte ein paar Runden um den Block und kam zur gewohnten Zeit heim. Mein Kollege wollte am nächsten Tag schon wieder früher gehen. »Nee«, sagte ich, »das ist zu riskant. Gestern hätte mich beinahe der Chef erwischt!«
Meine Frau hatte auch noch die Frechheit, mich eines Tages zu fragen: »Was würdest du tun, wenn du mich mit einem fremden Mann im Bett erwischen würdest?!« Ich antwortete: »Das Fenster aufmachen, erst den Kerl rausschmeißen und dann den weißen Stock.«
Sie fragte: »Wieso? Was für einen weißen Stock?« Ich meinte: »Na ja, das kann doch nur ein Blinder gewesen sein!«
Aber der andere Hausfreund von ihr ist richtig nett zu mir. Jeden Samstag rudert er mich zwei Kilometer weit auf den See hinaus. Er rudert dann zurück, bleibt am Ufer stehen und wartet, bis ich zurückgeschwommen bin!
Die zwei Kilometer sind für mich nicht zu weit, aber die Schwierigkeit besteht darin, aus diesem verflixten Sack herauszukommen.
Ha, immer auf die Kleinen.
Ich habe mir vor kurzem gleich zwei blaue Augen eingefangen! Das war so:
Ich fuhr mit der Rolltreppe im Kaufhaus nach oben. Vor mir fuhr eine junge Frau, die hatte den Rock in den Po geklemmt; Da habe ich ihr den hilfsbereit herausgezogen. » Peng!« haute sie mir eine runter. Ich war ganz perplex. Ich hatte es doch nur gut gemeint. Da habe ich ihr den Rock einfach wieder reingesteckt. »Klatsch!«, da hatte ich schon das zweite blaue Auge.
Dann bin ich fünf Kilometer gerannt, nur um zwei Menschen daran zu hindern, sich zu prügeln. Aber der Mann von der Frau hat mich nicht mehr eingeholt!
Auf den Schreck hin wollte ich einen trinken gehen, hatte aber kein Geld dabei. Da bin ich betteln gegangen. Vor einem großen Mietshaus begegnete mir ein anderer Bettler. Ich fragte: »Na, Kumpel, ist in diesem Haus was zu holen?«
»Du kannst ruhig weitergehen«, meinte der, »schon im Hausflur sind mir zwei Mäuse mit verweinten Augen begegnet!«

Dann ging ich in ein Geschäftshaus. Der Inhaber war gerade bei der Steuererklärung. Er sagte: »Warten Sie bitte einen Moment, bis ich fertig bin. Vielleicht komme ich dann gleich mit.«
Andere wollen immer gleich pädagogisch wirken: Eine Hausfrau sagte: »Sie sind groß und stark. Wie kommt es, daß Sie keine Arbeit finden?« Ich antwortete: »Das weiß ich auch nicht. Vielleicht bin ich ein Glückspilz!« Da meinte sie: »Ich gebe ihnen nichts! Aber Sie können sich zwei Mark verdienen, wenn Sie meinem Mädchen beim Holzspalten helfen!«
Ich fragte: »Darf ich es erst mal sehen?«
Sie wunderte sich und fragte zurück: »Das Holz?«
»Nein«, sagte ich, »das Mädchen!«
Schließlich kam ich an die Tür eines freigebigen Mannes. Er schenkte mir eine Mark. »Hier, mein Bester, trinken Sie einen Schnaps auf meine Gesundheit.« Ich fragte zurück: »Einen? Ich finde, Sie sehen verdammt schlecht aus!«
In der Wirtschaft halte ich mich immer etwas länger auf: solange der Wirt noch anschreibt!
Über den Lautsprecher wurde plötzlich bekanntgegeben: »Der Besitzer des Wagens »F-11 11 11« wird gebeten, sein Fahrzeug wegzufahren. Er steht genau über einem Kanaldeckel, und die Arbeiter darunter haben Feierabend und möchten gerne nach Hause.«
Da bin ich in eine andere Kneipe gegangen und habe dort, weil ich Geld brauchte, eine Maus verkauft. Ich zog sie also aus meiner Tasche und setzte sie auf die Theke. Plötzlich setzte das Tierchen zu einer Arie aus »La Traviata« an. Die Gäste waren sprachlos vor Staunen! Einer fragte sogar: »Wieviel wollen Sie für die Maus haben?«
Ich meinte lässig: »Für zwei Mark können Sie sie haben.«
Das Geschäft wurde abgeschlossen, und hocherfreut verließ der neue Besitzer das Lokal.
»Wieso haben Sie für die Maus nur zwei Mark verlangt?« wollte der verblüffte Wirt wissen.
Ich zuckte die Achseln und erklärte: »Was soll ich damit? Die Maus kann nur italienisch singen!«
Als ich heimkam, war große Aufregung.
Meine Frau hatte fünf Mark verschluckt. Ich schickte sie zum Arzt. Sie erzählte ihm, sie habe fünf Mark verschluckt, fände aber bei der Kontrolle auf der Toilette immer nur Kleingeld.

Da meinte der Mediziner: »Das ist nicht beunruhigend. Sie befinden sich ja schließlich in den Wechseljahren.«
Weil sie sich tatsächlich in den Wechseljahren befand und andauernd die Liebhaber wechselte, kam der Postbote auch trotz meiner gelegentlichen Abwesenheit bei ihr immer an der richtigen Adresse an.
Meine Frau verdirbt mir auch alles:
Um mich loszuwerden, schickte sie mich in den Garten zum Holzhakken. Dabei habe ich mir leider den Daumen abgehauen. Das ist zwar jetzt ziemlich verheilt, aber mein Urlaub im August fällt jetzt auch ins Wasser. Ich wollte doch per Anhalter fahren.
Neulich hat sie sich noch ein dolles Ding geleistet!
Ich ging daraufhin in die Bar und wollte meinen Kummer ertränken aber nach dem zehnten Manhattan stellte ich fest, daß der Kummer schwimmen konnte. Ich knallte meine mitgebrachte, verschnürte Supermarkt-Plastiktüte auf die Theke und schrie: »Whisky, aber eine ganze Flasche!« Der Barkeeper fragte vorsichtig: »Na, Kummer gehabt?« Ich fing schon halb zu lallen an und erklärte: »Seit zehn Jahren spiele ich –hicks– jetzt schon Lotto, –hicks– immer dieselben Zahlen. Nie was gewonnen. Und heute bei der Ziehung –hicks– Junge, sechs Richtige.
»Und da haben Sie Kummer?« fragte der Barkeeper perplex.
»Ja«, –hicks– »meine Frau hat vergessen, den Lottoschein abzugeben.« »Oh Gott«, entfuhr es dem Mixer spontan, »der hätte ich glatt den Kopf abgerissen.«
Ich haute wieder meine Plastiktüte auf die Theke und lallte: »Was glauben Sie wohl, was ich hier drin habe?!«

Ein Mensch, nicht weit von Elberfeld
euch nicht ganz Ernstes hat erzählt.
Doch nirgends geht es zu,
das ist nun mal der Clou,
so doll wie eben auf der Welt!

Helau!

EIN PECHVOGEL

VON JOSEF HARTMANN

Helau, vernehmet jetzt die Glossen
von einem armen Volksgenossen,
gegen den sich alles hat verschworen,
der jede Hoffnung hat verloren.
Ich kann halt machen, was ich will:
Alles geht daneben, nie komm' ich ans Ziel.
Als Pechvogel der Nation bekomm' ich von jedem mein' Dresch':
So 'n Pech.

Der Storch, er wollte es noch zwingen,
mich zu Generaldirektors bringen.
Unterwegs ging ihm die Puste aus:
Bei Mayers landet er im Haus.
Als unbestelltes, ledig Kind
ich mich bei armen Leuten find.
Die reiche Erbschaft ist jetzt wech:
So 'n Pech.

Ein Schäferhund, der öfters kläfft,
verrichtete ein groß' Geschäft
auf der Straße, sehr gemein:
Blindlings tappte ich hinein.
Daraufhin – von rechts und links
behauptet man: »Bei ihnen stinkt's.«
Wieder mal bezahlte ich die Zech':
So 'n Pech.

Kürzlich bohrte ich alter Hase
wie ein Junge in der Nase.
Nach intensiver Bohrerei
gab die Nase den Finger frei.
Der Fingernagel war leider wech:
So 'n Pech.

Meine Hose – viel zu eng
krachte plötzlich, es machte Peng.
Unterhalb der Nabelzone
stand auf der Straß' ich völlig ohne.
Alles ringsum grinste frech:
So 'n Pech.

Überfall, die Bank war helle,
zahlte mir glatt 1000 Mille.
Für zwei Minuten war ich reich,
doch das Unglück folgte gleich.
Zwei Gangster standen vor der Bank,
kassierten das Geld, sagten besten Dank.
Danach kam noch das dicke Ende,
sie flohn und mich faßte die Polente.
Für die war ich der dritte Mann,
nach den andern lief die Fahndung an.
Geld und Freiheit waren wech:
So 'n Pech.

Fernsehabend, gleich läuft ein Western.
Verdammter Mist, der lief schon gestern.
Alle Spannung ist jetzt wech:
So 'n Pech.

Ein Vogel flog und ließ was fallen
ganz oben von des Himmels Hallen.
1000 : 1, so kann man hoffen,
wird man dabei am Kopf getroffen.
Doch mich, den schwarzen Unglücksraben,
traf im Gesicht des Vogels Gaben.
Ich schaute im richtigen Moment nicht wech:
So 'n Pech.

Auf der Autobahn bei Pagel
lag ein rostiger alter Nagel.
Viele Reifen um ihn sangen,
doch durch mich ließ er sich fangen.

Ich war platt, die Luft war wech:
So 'n Pech.

Auf dem Bahnhof mein Koffer stand lässig,
der Zug war weg, und das war Essig.
Derweil ich auf den Fahrplan schaute,
man hinter mir den Koffer klaute.
Der Koffer samt Geld und Fahrkarten war wech:
So 'n Pech.

Meine Freundin Gillegille
vergaß zur Maienzeit die Pille.
Zur Faschingszeit ein Prinz kam frech:
So 'n Pech.

Ich stand im Schwimmbad auf dem Zehn-Meter-Brett.
Unter mir lauter junge Mädchen, lieb und adrett.
Da platzte das Gummi, die Hose rutscht wech:
So 'n Pech.

Ein Blumentopf wollt' lernen fliegen,
doch tat die Schwerkraft ihn besiegen.
Mich Pechverfolgten traf der Topf
dann ausgerechnet auf dem Kopf.
Für ein paar Stunden war ich wech:
So 'n Pech.

Mein Freund und ich warn einst berauscht,
hatten unsre Lottozahlen getauscht.
Doch Samstags drauf, o Schreck, o Graus:
meine Zahlen gewannen, seine waren draus'.
Er bekam die Million, ich von meiner Frau die Dresch':
So 'n Pech.

Als ich im Krankenhaus ganz sachte
nach der Operation wieder erwachte,
sagte der Chirurg mit viel Plessier:
»Das wär's, den Blinddarm hätten wir!«

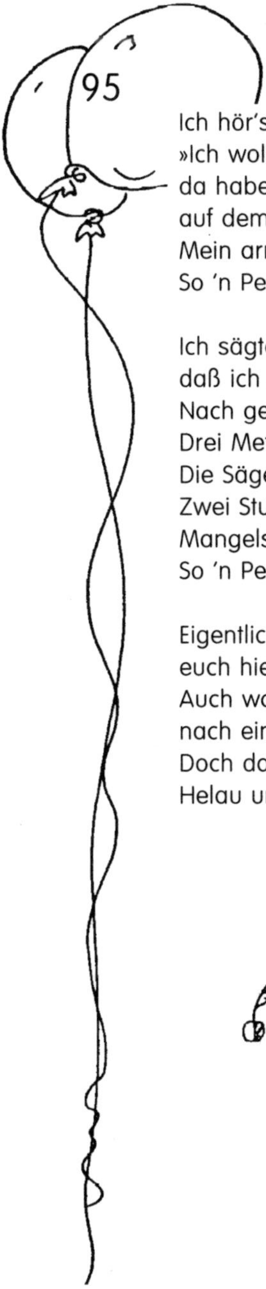

Ich hör's und tat ganz kräftig fluchen:
»Ich wollte nur 'nen Freund besuchen,
da haben die Pfleger mich gekrallt,
auf dem Operationstisch festgeschnallt.«
Mein armer Blinddarm, jetzt ist er wech:
So 'n Pech.

Ich sägte an einem Ast und vergaß,
daß ich grad auf diesem saß.
Nach getaner Arbeit ist gut ruhn.
Drei Meter tiefer tat ich's tun.
Die Sägerei ging in die Hose:
Zwei Stunden währte die Narkose.
Mangels Fallschirm war ich zwei Stunden wech:
So 'n Pech.

Eigentlich wollte ich noch länger bleiben,
euch hier im Saal die Zeit vertreiben.
Auch wollte ich heute, im Vertrauen,
nach einer Freundin mich umschauen.
Doch das duldet meine Frau nicht, sie wird gleich frech:
Helau und Alaaf – so 'n Pech.